당신이 알아야 할

인지행동 치료의 모든것

행복해지기 위한
기술   박소진 저

글을 시작하며

필자가 취업을 위해 면접을 보러 갔을 때의 일이다. 면접관은 내 이력서를 천천히 살펴보더니 이런 질문을 했다.

"당신은 좋은 사람입니까?"

나는 질문을 받고 순간 당황했다. 단순한 듯하면서도 의미심장한 질문이었다. 잠시 생각을 정리하고 나서 대답했다.

"나쁜 사람은 아닌 것 같은데요."

그는 내 대답에 기다렸다는 듯이, "그럼, 좋은 사람이라는 뜻인가요?" 하면서 다소 식상하다는 표정으로 나를 쳐다보았다. 그리고 '너는 너 자신에 대해서 잘 알아?'라는 듯 묘하게 웃는 것이었다. 그래서 나는 다시 대답했다.

"아니요, 나쁜 사람이 아니라는 것과 좋은 사람이라는 것이 같은 의미는 아닌 것 같습니다. 저는 나쁜 사람은 아닌 것 같고, 그렇다고 한마디로 좋은 사람이라고 말하기도 어렵습니다. 사람을 좋은 사람, 나쁜 사람으로 이분법적으로 구분하는 것은 일종의 '흑백논리'입니다. 색에는 흰색과 검은색만 존재하는 것이 아닌 것처럼 사람도 다양한 종류의 인간이 존재합니다. 굳이 말하자면, 저는 흰색

3

과 검은색 사이에 있는 회색과 같습니다. 그리고 저를 포함한 모든 인간은 흰색에 가까워지기 위해 노력해야 한다고 생각합니다."

면접관은 무릎을 치면서 "아~ 좋군요!"라며 만족스러워했다.

그러나 나의 대답은 순수하게 내 생각을 이야기한 것이 아니다. 많은 사람이 가지고 있는 인지적인 오류에 대해서 이야기한 것뿐이다. 바로 인지치료이론에 등장하는 이 인지적 오류로 인해 많은 사람이 상처를 받기도 하고 우울해하기도 하며 분노하기도 하고 많은 문제와 갈등을 야기하기도 한다.

생각을 조금만 바꾸면 우리의 삶도 보다 풍성해지고 달라질 수 있다. 인지치료의 기본은 '생각'에 열쇠가 있다. 나에게 있는 부정적이고 부적응적인 생각들을 긍정적이고 적응적인 생각으로 바꾼다면, 지금보다 행복하고 즐거운 삶을 누릴 수 있다. 즉, 보다 나은 삶을 원한다면 긍정적이고 적응적인 생각으로의 변화가 필요하다.

이 책은 이런 긍정적이고 적응적인 변화를 도모하고자 하는 사람들과 인지행동치료에 관심이 있는 관련 분야 종사자, 초심자들을 위해 쓰였다. 지금까지 인지행동치료와 관련하여 많은 연구물과 책이 쏟아져 나왔으나 일반인과 초심자에게는 다소 이해하기 어려운 부분이 있는 것이 사실이다. 이 책은 기본 개념을 위주로 설명하되 독자의 이해를 최대한 돕기 위해 사례와 영화들을 소개할 것이다. 마지막으로, 영화 한 편을 소개하며 서문을 마무리하고자 한다.

영화 〈꾸뻬씨의 행복여행〉은 주인공이 경비행기를 타고 하늘을 나는 장면으로 시작한다. 주인공은 기분 좋게 비행기를 운전하고, 주인공의 뒤에는 그의 강아지가 타고 있다. 기분이 좋아진 그는 비행기를 360도 회전한다. 그리고 멀리서 강아지가 아래로 떨어지는 모습이 보인다. 그는 그것도 모르고 앞만 보고 가다가 문득 강아지 생각에 돌아보니 강아지가 없다. 당황스럽고 강아지를 잃었다는 슬픔에 젖기도 전에 누군가가 그의 목을 조른다. 소리를 지르고 깨어 보니 여자친구가 그의 앞에 앉아 있다. 꿈이었다.

　이 꿈은 꽤 의미가 있다. 심리학적으로 분석해 보면, 하늘을 나는 것은 땅에 뿌리를 두지 못하고 허공에 붕 떠 있는 것으로 불안한 심리를 나타내는 것이라고 볼 수 있고, 그의 뒤에 있는 강아지는 어린 시절 그가 키우던 강아지로 보이는데 이는 미해결된 과제, 즉 과거를 상징하는 것으로 볼 수 있다. 그런데 그의 실수로 강아지가 비행기에서 떨어져 죽고, 그도 죽음의 위기에 놓인다. 죽음은 종말이며 그것은 새로운 출발과 연결되어 있다. 실제로 그는 겉으로는 화려하고 문제없이 살고 있지만, 자신의 삶에서 가치를 발견하지 못하고 무기력한 생활을 하고 있었다. 그의 내면에 있는 어린 자아는 "여행을 갈지도 모르겠다."라는 누군가의 말에 심하게 흔들린다. 변화를 원하는 것이다.

　인간은 잘 변하지 않지만 스스로 변화를 원한다면, 욕망한다면 변할 수 있는 존재이다. 영화 〈꾸뻬씨의 행복여행〉의 주인공은 변화를 갈구했고, 여행을 떠남으로써 결과적으로 어린 시절의 미해결된 문제로부터 벗어나 성숙한 남성으로 거듭날 수 있었다. 영화의 첫 장면은 이런 내용을 내포하고 있고, 변화하고자 하는 욕망이 그를 변화시킨 것이다. 이렇듯 당신이 이 책에 끌려 집어든 순간, 그리고 책장을 넘기는 순간 당신은 변화를 욕망하는 것이고, 그것은 이미 시작되고 있다.

차례

01
인지행동치료의 개관

당신은 행복하십니까?

영화 〈꾸뻬씨의 행복여행〉의 주인공은 정신과 의사이다. 그는 나름 인정받는 정신과 의사로 자신을 끔찍이 아끼는 여자친구와 평온한 삶을 살고 있는 것으로 보인다. 그러나 매일같이 자신이 불행하다고 호소하는 환자를 만나면서 어느덧 매너리즘에 빠지고 무기력해진 자신을 발견하게 된다. 그는 스스로에게 '행복이 무엇인가?' '나는 행복한가?'에 대한 의문을 갖게 되고 '행복'이 무엇인지에 대한 답을 구하기 위해 세계여행을 떠난다.

앞의 이야기처럼 많은 사람은 행복해지고 싶어 한다. 적어도 불행해지기를 원하는 사람은 없을 것이다. '행복을 추구할 권리'는 인간이라면 기본적으로 보장받아야 할 권리이기도 하다(대한민국「헌법」 제10조 "모든 국민은 인간으로서 존엄과 가치를 가지며, 행복을 추구할 권리를 가진다."). 그러나 '행복'해지기를 소망하는 만큼 행복은 저 멀리 달아나고 없다. 도대체 행복이 무엇이길래, 행복을 외치지만 행복해질 수는 없는 걸까? 뜬금없이 무슨 '행복' 타령이냐는 독자도 있을 수 있다. 서문에서도 밝혔듯이 생각이 달라지면 내가 지각하고 있는 세계가 변화하고 자신의 감정과 행동도 따라서 변화한다. 생각과 감정, 행동은 서로 연결되어 영향을 주고받기 때문이다. 따라서 우리의 궁극적인 목표인 '행복'을 인지행동적 측면에서 살펴보는 것은 의미가 있다.

필자도 한때 열심히 공부해서 좋은 대학 가고 좋은 직장 구해서 좋은 배우자를 만나고 좋은 집에서 살면 행복해질 것이라 믿은 적이 있었다. '행복'에 대한 내적인 준거가 없었기에 그냥 다른 사람들이 말하는 대로 외적인 기준에 따라가면 행복해지는 줄로 착각하고 산 세월이 있었다. 그토록 열심히 최선을 다해서 살아왔는데, 왜 행복하지 않은 거냐고 스스로에게 물어도 답을 찾을 수 없었다. 그러던 어느 날, 그 해답이 나를 찾아왔다. 그 답은 열심히 사는 것이 곧 행복해지는 것은 아니라는 것, 즉 '열심히 사는 것의 결과가 곧 행복'이라는 등식은 성립하지 않는다는 것이었다. 어리석게도 열심히 최선을 다하는 것과 행복이 같은 선상에 있다고 믿는 오류를 범한 것이다. 그때는 그냥 열심히 살면 그에 대한 대가가 오는 것이라고 믿었다. 열심히 살면 돈을 많이 벌든지, 성취를 해서 성공하든지 등등의 결과물이 따라오리라고 말이다. 하지만 그런 결과가 따라온다고 해서 행복해지는 것은 아니었다.

열심히 쉬지 않고 일을 해서 좋은 집과 차를 구비했다고 하자. 좋은 차를 새로 장만해서는 기분 좋게 탑승해서 어디론가 향한다. 뭔가 대단히 성공한 사람이 된 착각에 빠져 기분이 들뜬다. 그러나 불행하게도 정말 행복하다고 느끼는 그 순간은 아주 짧다. 시간이 지나면서 기쁨보다는 오히려 공허감에 마음이 헛헛하기도 하다. '이게 뭔가?' 하며 회의감에 빠질 수도 있다. 그러면서 자신은 불행하다고 느낀다. 열심히 살았지만 불행하다고. 많은 사람이 이런 생각에 빠져 오늘도 스스로 불행하다면서 삶을 즐기지 못하는 것이다.

그래서 많은 사람이 상담가를 찾아와서는 자신이 얼마나 불행한가에 대해 호소하며 '다른 사람들처럼 행복해지기를' 소망한다. 그러나 여기에는 함정이 숨겨져 있다. 첫째는 다른 '사람들처럼'이라는 말이고, 둘째는 '행복이 과연 무엇인가' 하는 것이다.

당신이 생각하는 것처럼 다른 사람들이 행복하지는 않다

우리는 궁극적으로 행복해지기 위해서 산다. 그래서인지 끊임없이 타인과 자신을 비교하면서 내가 더 행복한지 아닌지를 궁금해한다. 그리고 많은 사람이 자신보다 다른 사람들이 더 행복한 것 같다고 느끼는 것 같다. 그러나 당신이 생각하는 것처럼 당신을 제외한 다른 사람들이 그다지 행복한 것 같지만은 않다는 것이 내 생각이다. 다른 사람들은 뭐가 그리 행복하고 즐거울 일이 있겠는가? 게다가 대한민국의 행복지수가 세계에서 최하위권이다. 그냥 어쩔 수 없이 적응하면서 사는 것이다. 맹목적으로 또는 막연하게 나 아닌 다른 사람들은 행복할 것이라는 믿음은 우리를 더욱 우울하게만 만들 뿐이다. 어떤 근거에서 그들이 행복할 것이라고 믿는 것인가? 여기서 우리는 행복이 무엇인지 그 실체를 들여다볼 필요가 있다.

행복이란 무엇인가

"행복해서 웃는 것이 아니고 웃으니까 행복해진다."라는 말이 있다. 억지로 웃어 가면서까지 행복을 추구해야 하는가에 대해 의문을 가질 수 있다. 하지만 행복한 사람들이 자신의 행복 유전자를 자신의 후손에게 물려줄 가능성이 그렇지 않은 사람보다 더 높다. 따라서 우리는 보다 많은 행복한 유전자를 후손에게 물려주기 위해서라도 행복을 추구하는 삶을 살아갈 필요가 있다.

'행복'의 사전적 의미는 '생활에서 충분한 만족과 기쁨을 느끼는 흐뭇한 상태'를 말한다(국립국어원, 2015). 다시 말해, '행복'을 '만족과 기쁨'이라는 개념으로 다시 설명할 수 있고, '만족과 기쁨'이 '행복'을 상당 부분 설명해 주지만, 동일한 용어는 아니다. 그 만족과 기쁨이라는 것이 개개인마다 다를 수 있다는 점이 문제이다. 또한 행복은 자율성, 인격적 성숙, 대인관계, 자기 수용, 주관적 안녕감 등과도 관련되어 있다. 그래서 우리가 행복해지기 위해서는 그 정의가 구체적이면서 명확해야 한다.

이처럼 상담에서는 구체적이지 못하고 모호한 명제를 보다 구체적이고 명료하게 하는 과정이 필수적이다. 목표가 불분명하면 그 목표를 이룰 수 없기 때문이다. 그리고 그 목표는 실현 가능한 것인지에 대한 논의도 있어야 한다. '행복'도 마찬가지이다. 행복이 무엇인지도 모르면서 행복해지겠다는 것 자체가 어불성설이다.

행복이 무엇인가를 고민하다가 행복한 사람들을 관찰해 보니 자주 웃는다는 것을 알게 되었다. 웃음은 세로토닌과 엔도르핀을 분비하여 기분을 좋게 하고 행복감을 준다. 심지어 억지로 웃는 웃음 조차도 효과가 있다는 연구들이 있다. 이 외에도 웃음은 면역력을 강화하고 스트레스를 경감하는 등 긍정적인 여러 효과가 있다는 것이 많은 연구를 통해서 검증되었다. 이러한 연구들을 근거로 해서 '웃음치료'를 통해 행복감을 증진하는 연구도 진행되고 있다.[1] 그래서 이런 연구결과를 토대로 웃음의 횟수가 잦을수록 그 사람은 그만큼 행복하다는 결론을 내렸다면, '우리는 행복한 사람은 자주 웃는다, 즉 행복은 웃음의 횟수와 관련이 있다.'고 조작적으로 정의[2]를 내릴 수 있을 것이다. 물론, 이 조작적 정의는 측정을 위한, 목표에 얼마나 도달했는지 여부를 가늠하기 위해 필요한 것이다.

행동주의 심리학에서는 인간의 행동을 측정하여 변화시키고자한다. 위의 정의는 행동주의적 관점에 가깝다. '웃음'이라는 행위와 그 행위의 빈도를 측정함으로써 '행복' 지수를 측정하겠다는 것이다. 행복해지기 위해서는 웃을 수 있는 건수를 만들면 된다. 즉, 목표는 많이 웃음으로써 행복해지고 그 목표를 달성하기 위해서는 웃을 수 있는 행동계획을 짜면 되는 것이다.

---

1) 웃음치료는 인지행동치료의 한 부분으로, 웃음이라는 즐거운 경험을 통해 감정을 조절하고 질병이나 현 상태를 올바르게 수용하며, 불안이나 공황장애로부터 벗어날 수 있다(이임선, 2009).
2) 조작적 정의(operational definition)는 심리학 관련 연구에서 중요한 개념으로 어떤 개념을 연구할 수 있도록, 즉 측정 가능하도록 단어의 의미를 조작하거나 기술적인 측면으로 구체화해서 정의를 내리는 것을 말한다. 예를 들어, '행복'의 개념은 연구에 적합하지 않은데, 그 이유는 '행복'이라는 개념은 사람마다 다르게 이해되고 인식되고 있고 구체적으로 만지거나 볼 수 있는 것이 아닌 추상적인 개념이기 때문이다. 이런 추상적인 개념을 '웃음의 횟수'로 변환한다면 그것은 구체적으로 관찰 가능하고 웃음의 횟수는 측정이 가능하기 때문에 연구에 적합하다고 할 수 있다.

그러나 여전히 의문은 남는다. 웃음의 횟수가 행복 지수와 상관이 높다고 치자. 그렇다면 억지로라도 웃기만 하면 모두가 행복하다는 것인가? 사람마다 가치가 다르고 주관적으로 느끼는 행복감은 다르기 때문에 어떤 이들은 돈이 많으면 행복해진다고 믿고 있을 수 있고,[3] 어떤 사람들은 성취를 많이 하면, 어떤 이들은 사랑을 많이 받는다면 행복해질 수 있다고 믿을 수 있다. 이런 개개인들이 추구하는 가치를 모두 충족하면 행복해지는 것일까? 물론 아니다.

그럼에도 불구하고 웃음의 횟수를 늘리는 일련의 활동들은 분명 도움이 될 수 있다. 다음의 사례를 살펴보자.

사례 1.

몇 년 전, 우울한 20대 남성 내담자가 상담실을 찾아왔다. 한눈에 봐도 그는 우울한 것처럼 생기를 잃은 표정으로 상담가와 시선도 잘 마주치지 않고 무기력하게 앉아 있었다. 내담자와 내담자의 아버지와 면담해 본 결과 이 내담자의 문제는 긍정적인 경험의 부재에서 비롯된 것이었다.

내향적이고 자기주장을 잘 하지 못하는 성격의 내담자는 어려서 어머니가 돌아가시자 할머니와 아버지 밑에서 자랐다. 아버지는 엄격했고 할머니는 어머니처럼 다정다감하지 못했다. 어려서는 그러려니 하고 살았지만, 중·고등학교를 거치면서 내성적이고 소극적인 성향은 더 강해졌고 친구도 없이 홀로 외로이 10대와 20대를 보냈다. 그러다 보니 주로 집에서 지내는 일이 많아졌고 점점 밖으로 나가는 일이 줄고 지금은 거의 집에서만, 그것도 자신의 방에서만

---

3) 한 연구에서 1만 2,000명의 미국 대학생들을 대상으로 조사를 했다. 연구자들은 대학생들에게 인생의 목표를 묻고 이를 추적해 보았는데 '돈'에 관심이 높았던 학생들이 가장 불행했다고 한다.

있는 일이 허다하다. 이를 보다 못한 아버지가 상담을 의뢰한 것이다. 내담자와는 달리 가부장적이고 자기주장이 강한 50대의 아버지는 그런 아들이 못마땅하다.

"사내 자식이 좀 사내답게 굴어야지… 계집애도 아니고 방구석에서… 쩝."

그러나 그런 아버지의 태도는 자신의 아들이 그럴 수밖에 없는 이유를 상담자로부터 듣고 이내 마음이 애잔해진 듯했다. 아들 하나 보고 재혼도 안 하고 살아왔는데, 그렇게 귀한 아들이 마음에 병이 생겼다니 아버지로서는 하늘이 무너질 노릇이었다. 한참 생각에 잠긴 아버지는 대뜸 상담자에게 어떻게 하면 되겠느냐고 물었다. 아들과 등산이나 낚시를 하러 가는 건 어떤지 등 질문을 했다. 자신이 더 노력하겠노라고. 그러나 이미 20대를 훌쩍 넘긴 아들을 아버지가 어떻게 하긴 쉽지 않았다. 상담을 권유했지만, 상담해서 달라지겠냐면서 회의적인 태도를 보였다. 결국 아버지는 상담하기보다는 자신이 좀 더 노력을 하고 아들과 시간을 갖겠다고 하며 돌아갔다.

이 내담자의 문제는 행동주의 관점에서 본다면, 긍정적 강화의 부재로 인한 우울로 볼 수 있을 것이다. 레빈슨(Daniel Levinson)은 인생에서 긍정적인 보상의 감소가 건설적인 행동을 감소시킨다고 주장한다. 예를 들어, 대학생이 대학을 졸업하고 직장을 구했을 때, 직장인이 퇴직했을 때가 그러하다. 많은 사람은 다른 형태의 보상을 받기 위해 노력한다. 하지만 어떤 이들은 이런 상황에서 좌절하고 긍정적인 특징이 감소함으로써 보상이 감소되고 건설적인 행동을 덜하게 되어 우울해진다. 많은 연구에서 행동주의자들은 인생에서 받은 보상의 수가 우울과 관련이 있다고 보고하고 있으며, 긍정적인 생활사건이 만족감과 행복감에 영향을 준다는 것을 발견했다(오경자 외, 2014).

인간은 누구나 정서적 지지와 격려, 칭찬 등을 받기 원한다. 그런데 이 내담자의 경우 어떤 행동을 하더라도 칭찬보다는 무관심과 지적을 받았을 가능성이 크다. 그렇다면 아무것도 하지 않는 편이 나을 수 있다. 어차피 또 혼이나 날 것이라면… 긍정적인 보상이 따라오지 않고 긍정적인 경험을 할 기회도 없고 따라서 긍정적인 정서를 느낄 수도 없다. 우울증의 핵심 증상이 '흥미나 즐거움의 상실'임을 고려할 때 어쩌면 이런 결과는 당연한 것일 수 있다.

행동주의 입장에서는 아들이 할 수 있는 범위 내에서 활동 계획을 짜고 쉬운 것부터 하게 함으로써 성취감을 얻게 할 수도 있다. 우울하고 무기력한 사람들을 그대로 두면 더 우울하고 무기력해질 수 있기 때문에 작은 것이라도 성공 경험을 자주 갖도록 하는 것이 중요하다. 그러나 그것만으로 충분하다고 할 수는 없다. 이 내담자가 가지고 있는 생각, 사고를 살펴볼 필요가 있다. 아마 이 내담자는 '노력해 봐야 소용없다.' '세상은 우울하고 재미없는 일로 가득 차 있다.' '나의 미래는 어둡다.' 등 부정적이고 비합리적인 사고로 가득 차 있을 가능성이 높다. 이런 생각의 변화를 도모하지 않는 한 근본적인 변화는 어렵다. 즉, 생각이 바뀌어야 한다는 것이고, 이 것이 바로 인지주의 심리학의 관점이다.

생각이라는 열쇠를 찾아서

인간을 움직이게 하는 동력은 무엇일까? 심리학자 프로이트는 무의식적 '충동(drive)'으로, 라캉은 그 동력을 '욕망'으로 보았다. 물론, 인간이 어떤 목적에 도달하게 하고 이를 성취하기 위해 그들을 움직이게 하는 것은 무의식적 충동이나 욕망이 맞을 수 있다. 그러나 인간을 보다 인간답게 만들며 합리적 또는 비합리적 판단을 하도록 하고 이를 행동으로 옮기도록 만드는 데 가장 중요하게 기여하는 것은 개개인이 갖고 있는 그들의 생각(신념, 사고)이다. "나는 생각한다. 고로 존재한다."라는 프랑스 철학자 데카르트의 유명한 말을 굳이 언급할 필요가 없을 정도로, '생각' 또는 '사고'하는 능력을 배제하고는 인간을 제대로 설명할 길이 없다. 그러나 이런 인간의 생각과 사고는 눈에 보이지도, 구체적으로 만져볼 수도 없는 추상적인 그 무엇이다. 때문에 이것을 구체화하는 데 어려움이 있다. 즉, 측정하기 어렵다는 얘기다. 인간의 마음이라는 것을 과학적으로 연구하기 위해서는 그것을 수량화 또는 수치화할 수 있는 어떤 대상으로 변환시켜야 한다. 그런 의미에서 우리의 행동은 관찰·측정될 수 있다. 따라서 이런 행동을 근거로 인간의 심리를 추론한다는 것은 의미가 있다.

남편이 목을 거칠게 만지면 비밀이 있다는 증거이다?

얼마 전 필자가 모 방송 프로그램에 출연한 적이 있었는데, 주제가 흥미로웠다. 발제는 "남편이 목을 거칠게 만지면 비밀이 있다는 증거이다."였다. 목을 거칠게 만지는 것과 비밀이 있다는 것이 상관(관련)이 있다는 것을 어떻게 설명할 것인가? 목에 손을 대거나 쓰다듬는 것은 스트레스에 대응할 때 가장 빈번하게 드러나는 행동이다. 목은 통증 신호를 뇌에 전달하는 신경이 많은 신체 부위로, 목을 어루만져 주는 행동은 혈압을 낮추고 심박 수를 내리며 마음을 진정시켜 준다. 비밀을 가지고 있는 사람들은 비밀이 발각될

지도 모른다는 두려움과 불안, 죄책감 등을 가질 수 있어 스트레스로 이어질 수밖에 없다. 그래서 숨기고 싶은 내 비밀이 발각될 위기에 처해 있다면 무의식적으로 목을 만지게 된다는 것이다. 즉, 비밀이 발각될지도 모른다는 불안과 죄책감 등의 심리가 행동을 통해 관찰될 수 있는 것이고 목을 어루만지는 행위로 구체적으로 표출된다는 것이다. 이 이야기는 충분히 설득력이 있다. 실제로 비밀이 있는 사람들은 자신의 불안한 심리를 들키지 않기 위해 목을 만지는 행동 이외에도 다양한 행동을 한다. 주로 코나 입 부분을 손으로 가린다든지, 시선을 마주치지 않는다든지, 말을 얼버무린다든지, 대답하는 데에도 시간이 좀 더 걸리는데, 이는 자신이 아는 것과 다른 내용을 말해야 하기 때문에 인지적인 노력을 더 기울여야 하기 때문이다.

영화 〈공공의 적〉에는 이런 장면이 나온다. 괴한의 침입으로 갑작스럽게 부모를 잃은 한 아들이 경찰서에 출두해서는 울면서 진술을 한다. 모두 안타까운 마음에 어쩔 줄 모르고 있는데, 주인공 형사가 우연히 볼펜을 떨어뜨려 줍는 과정에서 아들이 울면서 다

[그림 1-1] 영화 〈공공의 적〉의 장면

리를 떨고 있는 장면을 보게 된다. 그 순간 형사는 아들이 범인임을 직감한다. '슬퍼서 우는 것이 아니구나!'

물론, 울면서 다리를 떨 수는 있다. 그러나 '우는 행위'와 '다리를 떠는 행위'는 서로 어울리지 않고 부자연스럽다. 실제로 형사들은 이런 행동들을 관찰함으로써 범인의 심리를 추론한다고 한다. 그 이유는 인간이 하는 대부분의 행동들은 자율신경계의 지배하에 있기 때문에 의식에 의해 완벽히 통제되지 않는다. 즉, 부모를 죽인 자식이 사람들 앞에서 슬픈 척 연기는 했어도 마음속에서 일어나는 죄책감이나 들킬지도 모른다는 불안감이 다리를 떠는 행동으로 드러난 것이다. 이런 행동을 관찰하는 것만으로도 인간의 심리를 어느 정도 파악할 수 있다. 행동주의에서는 이런 행동을 연구하며 행동을 조작하며 통제하려고 한다.

인지행동치료는 인지치료와 행동치료의 결합으로, 인지행동치료를 이해하는 데에는 앞에 설명한 '행동주의'에 대한 이해가 우선이라고 생각한다. 따라서 이 책에서는 행동주의 심리학[4]의 개념에 대해 먼저 살펴보고, 그 이후 인지주의 심리학에 대해 설명하고자 한다.

자극이 있으면 반응이 있다

우리는 매일같이 음식을 먹어야 한다. 맛있는 음식을 먹는다는 것은 인생에서 최고의 기쁨이 아닐 수 없다. 물론, 매일같이 그런

---

4) 실제로 행동주의가 먼저 출현하였다. 행동주의는 1913년 존 왓슨(John B. Watson) 이 「Psychology as the Behaviorist Views It(행동주의자의 관점에서 바라본 심리학)」 이라는 논문을 발표하면서부터 시작되었다.

음식을 접할 수 없다는 것이 유감이지만, 맛있는 음식은 우리의 시각과 후각 등을 자극하고 생각만으로도 입안에서 침이 고이게 한다. 이렇게 자극(음식)이 있으면, 반응(침이 고인다)이 있고, 이는 자극이 있으면 반응이 있다는 것을 명백히 보여 주는 현상이다. '행동주의'에서는 이런 'S(자극)-R(반응)'으로 인간의 행동을 설명한다.

행동주의 심리학자들은 눈에 보이지 않는 사고(생각)나 감정과 같은 인간의 내적 현상은 객관적으로 관찰할 수 없으므로 연구 대상이 될 수 없다고 여겼다. 이후에 설명하겠지만, 인간의 내적인 현상을 관찰하기 위해 스스로의 정신 작용을 들여다보는 내성법과 같은 방법으로는 더 이상의 발전을 기대하기는 어렵다고 본 것이다.

그들은 눈에 보이지 않는 인간의 마음을 '검은 상자'에 비유하며 인간의 마음은 직접적인 연구 대상이 될 수 없지만, 그 검은 상자에 가해지는 자극과 그에 따른 반응은 관찰과 측정이 가능하기 때문에 과학적인 연구 대상이 될 수 있다고 보았다.

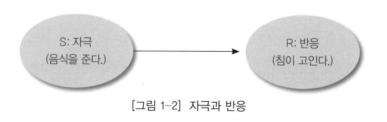

[그림 1-2] 자극과 반응

그리고 결과로 나오는 반응은 학습의 결과로 보았다. 즉, 어떤 행동은 자극에 대한 반응이 학습된 것으로 잘못된 행동도 잘못된 학습의 결과라고 보았다. 따라서 잘못 학습된 것을 바르게 재학습시킴으로써 행동의 변화를 줄 수 있다고 본 것이다.

예를 들어, 자신의 요구를 들어주지 않을 때마다 바닥을 뒹구는 행동을 하는 아이는 매번 이런 행동 뒤에 자신이 원하는 것을 얻었기 때문에 이런 행동이 학습된 것이고 반복된다.

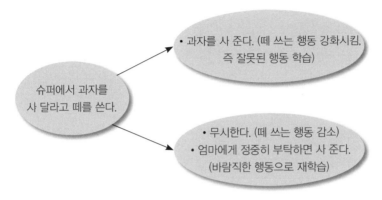

[그림 1-3] 행동과 학습

그러나 이런 행동의 변화에만 초점을 두고 눈에 보이지 않는 내적인 과정을 무시한 것은 분명 문제가 있다. 인간은 자극과 반응만으로 설명할 수 있는 단순한 존재가 아니기 때문이다. '자극이 있으면 반응이 있다.'는 명제에는 동의하지만, 자극에 대한 반응은 개개인마다 다를 수 있다는 것을 간과해서는 안 된다. 필자도 문제 행동을 보이는 아이들을 많이 만났고 이들에게 행동 변화를 주기 위해 수많은 시도를 해 왔지만 모든 아이가 동일한 자극에 동일한 반응을 보이지는 않았다. 개개인의 특성을 고려하지 않고 획일적인 방법으로 인간을 변화시킬 수는 없다는 얘기다.

행동주의와 인지주의는 상반된 입장을 고수해 왔으나, 현재는 두 접근법이 통합되어 널리 활용되고 있다. 중요한 것은 통합적인 모델로서 얼마나 효과를 극대화할 수 있느냐가 아닌가 싶다. 먼저 행동주의 심리학에 대해서 보다 자세히 살펴보자.

02
행동주의 심리학

행동주의의 출현

행동주의자들의 관점에서 심리학은 자연과학의 분과학문이다.
그리고 그것의 목적은 행동을 예견하고 통제하는 것이다.

— John B. Watson(1913)

최근 모 방송 프로그램에서 남자들에게 잘나가는 여자 연예인의
영상을 보여 주며 그녀가 원하는 것이 무엇인지 답을 찾게 하는 도
중에, 글래머러스한 여성이 몸매가 드러나는 옷을 입고 남자들 앞
을 지나가게 했다. 영상 속의 여자 연예인에게 집중하고 있었던 남
자들은 모두 순간 그녀에게 집중했으며, 눈과 동공이 커지고 그녀

가 시야에서 사라질 때까지 눈을 떼지 못했다. 심전도를 잴 수 있었다면, 아마도 그들의 심박수는 엄청나게 뛰고 있었을 것이다. 이렇게 글래머 여성(자극)을 보고 남자들이 모두 눈과 동공이 열리며 얼빠진 표정을 짓는다(반응)는 것을 통해 우리는 남자는 '글래머러스한 여성을 좋아한다.' 내지는 '그런 여성에게 관심을 갖는다.' 정도의 결론을 내릴 수 있을 것이다. 평소 여성에게 관심이 없는 척하거나 청순한 여성이 자신의 이상형이라고 주장하는 남자들조차도 이런 자극에 반응을 보이지 않기란 쉽지 않다는 사실만은 분명한 것 같다. 이처럼 자극이 있으면, 반응이 따라온다. 이런 행동주의는 1900년대 초반 존 왓슨(John B. Watson, 1878~1958) 등에 의해 등장하였다.

스스로를 통찰하는 것만으로는 부족하다. 연구란 관찰과 측정이 가능해야 한다!

존 왓슨은 기능주의 심리학자 교수의 지도 아래 동물행동을 연구하고 있었다. 그는 기능주의, 구성주의, 정신역동이론 등이 모두 과학적인 측정이 어려운 '마음'을 다루려고 하기 때문에 심리학을 발전시키는 데 한계가 있다고 보았다. 내성법은 너무 주관적이며 불분명하고 실용적이지 못하다고 보았던 것이다. 그도 그럴 것이 내성법은 생각이나 욕망, 느낌 등을 자기 스스로 내적으로 들여다보고 언어로 보고하는 방법을 말하는데, 이런 방법으로는 과학적인 측정이 어려울 수밖에 없다. 과학적이라는 의미는 과학적인 측정 방법을 채택하고 그것을 통해 신뢰할 수 있는 결과물을 얻어 내는 것을 말한다. 그런 측면에서 본다면 내성법은 너무나 주관적이고 모호한 것일 수 있다.

그는 인간을 이해하기 위해서 연구란 관찰이나 측정이 가능하고 설명이 가능해야 한다는 주장을 1913년 논문으로 발표했는데, 그것이 바로 '행동주의(behavioralism) 심리학' 이론이다. 원인이 되는 자극(stimulus: S)과 결과가 되는 반응(response: R) 사이의 관계로 설명했기 때문에 행동주의 심리학을 'S-R 심리학' 또는 'S-R 접근 방법'이라고 부른다. 그러나 단순히 행동을 자극과 반응의 관계로 설명하려는 차원에서 끝나지 않고 행동의 이해나 예측, 수정도 가능해지면서 심리학은 과학적인 학문으로 거듭날 수 있었다(윤가현, 2012).

심리학은 과학이다

아직도 심리학을 철학의 분과학문 정도로 여기는 사람들이 많이 있다. 얼마 전에도 심리학이 철학의 아류 학문인 것처럼 이야기하는 사람과 논쟁을 한 적이 있다. 인간에 대한 소회를 표현하는 정도나 재미삼아 하는 심리테스트처럼 쉽게 소비하는 어떤 것으로 흥미롭게만 바라보는 사람 역시 많다. 그러나 심리학이 얼마나 과학적인 입장을 견지하는지 안다면 많이 놀랄 것이다. 심리학에서 생리심리학이나 통계학 등이 얼마나 중요한 부분을 차지하는지는 필자도 전공을 하기 전까지는 몰랐다. 아무튼 중요한 것은 심리학은 사회과학 분야에서도 특히 과학적인 입장을 강력하게 표방한다는 사실이고, 이 입장의 시발점은 왓슨의 '행동주의'에서부터 발전되었다.

왓슨은 모든 행동이 특정한 환경이나 경험에 의해 좌우된다고 하면서 행동의 원인이 되는 자극에 대한 중요성을 강조했고, 개인의 능력이나 장래 직업까지도 경험에 의해서 결정된다고 보았다. 심지어 정서까지도 환경이나 경험의 결과로 보았는데, 정서적인 반응도 경험에 의해서 조합된 결과라고 했다. 결국 그는 공포라는 정서도 후천적으로 획득된다는 것을 설명하기 위해서 어린아이들을 상대로 한 공포 실험을 보여 주었다. 그리고 반대로 공포를 감소시키는 과정을 실험을 통해 제시하기도 하였는데, 이는 이후 바람직하지 못한 행동을 바람직한 행동으로 바꾸는 '행동수정(behavioral modification)'의 기틀이 되었다.

요약하면, 행동주의는 의식적 수준에서 마음의 내용을 검증하는 데 강조점을 두는 유럽 심리학에 대한 반발로 왓슨이 미국에서 세운 심리학파이다. 왓슨은 조건화(conditioning)에 대한 파블로프의 연구가 미래의 심리학을 대표하며, 심리학이 마음과 의식에 대한 이야기 대신 인간과 동물의 행동에 대한 객관적인 연구와 조작을 다루어야 한다고 믿었다. 오늘날 왓슨의 입장은 일반적으로 너무 극단적이고 단순한 것으로 여겨진다. 하지만 실험을 하는 모든 심리학자는 이론적인 면에서는 아니더라도 또 다른 의미에서는 행동주의자들이라고 할 수 있다(장태연 역, 1999).

현대 심리학의 역사

심리학은 철학에서 출발했다
심리학의 뿌리는 철학에 기반을 두고 있다. 철학(philosophy)은 인간과 세계에 대한 근본 원리와 삶의 본질 따위를 연구하는 학문이다. 실제로 고대 그리스시대부터 18세기 후반까지 심리학은 철학의 한 범주로 생각되었던 것이 사실이다. 인간에 대한 다양한 질문들이 있어 왔고, 그 질문에 대한 대답은 주로 철학자들의 몫이었다.

'인간이란 무엇인가'라는 물음이 대표적이라 할 수 있다. 이런 철학적 물음에 대한 대답은 '몸과 마음'을 대상으로 설명할 수 있는데, 몸과 마음을 하나로 보는 심신일원론(monism or nondualism)이 있고 서로 별개로 보는 심신이원론(mind-body dualism)의 주장이 있다. 즉, 인간에 대해 설명할 때 인간을 몸과 마음의 두 개로 분리해서 보거나 하나로 보는 식으로 설명이 가능하다는 것이다. 인간에 대한 관심과 연구는 심리학의 연구 대상으로 두 분야가 중첩되는 지점이 있는 것 또한 사실이다. 그러나 두 분야가 각각의 다른 영역으로 분리되는 시점은 심리학이 철학적인 접근 방법이 아닌 자연과학적인 연구 방법을 응용하기 시작하면서부터였다. 즉, 심리학이 철학에서 벗어나 새로운 학문으로 자리 잡는 지점은 '인간'이라는 주제('인간이란 무엇인가')에 대하여, 철학이 주로 가치를 판단하고 비판한다면,[1] 심리학은 이런 주제를 논리적으로 분석하고 과학적으로 규명하는 데 초점을 둔다는 것에 있다.

구체적으로, '인간이란 무엇인가' '몸과 마음은 하나인가 둘인가'에 대해 심리학은 몸과 마음이 둘일 수 없다는 것을 신체증상장애

---

1) 철학자 듀이는 『경험과 자연』이라는 책을 통해 철학은 본래 비판이며, 철학은 비판의 비판이라고 말한다. 여기서 비판은 식별하는 판단이고, 판단은 그 주체가 선이나 가치에 관한 경우 적절한 비판이다(정미라, 2016).

들[2])을 통해 설명함으로써 차별화를 한 것이다.

앞서 얘기했던 '행복'이라는 주제로 다시 돌아가 보자. '행복'이라는 주제는 아주 오래전부터 철학자들의 관심 대상 중 하나였다. BC 5세기에 아리스티포스(Aristippus)는 행복을 '자신이 원하는 것을 얻었을 때 느끼는 긍정적 정서'라고 하였고, 아리스토텔레스(Aristoteles)는 '긍정적 성품과 잠재능력을 충분히 발휘하여 가치 있는 삶을 구현하는 것'으로 보았다. 이렇게 철학자마다 행복에 대해 다른 정의를 내릴 수 있고 정답이 있다고 할 수도 없다. 그런데 여기에서 더 나아가서 심리학자들은 행복을 측정할 수 있는 구체적인 측정 도구를 개발하고 실험이나 프로그램을 개발하여 구체적인 결과를 도출하고자 한다. 즉, '행복이란 ○○이다.'에서 끝나는 것이 아니라, 연구 가설을 세우고, 예를 들면 '긍정적인 기억을 떠올리는 것이 행복 증진에 도움이 될 것이다.'라는 가설이 있다면 그 가설을 검증할 수 있는 측정 도구와 프로그램을 개발하고 프로그램을 실시한 후 가설이 맞는지 그렇지 않은지 여부를 가려냄으로써 '행복'이 무엇인가에 대해 보다 구체적인 답을 제시한다는 것이다. 이렇게 철학과 차별화를 꾀하면서 심리학은 입지를 분명하게 할 수 있었다.

인간을 자연과학적인 측면에서 연구하기 시작한 사람은 독일의 물리학자이면서 철학자였던 페흐너(Gustav T. Fechner, 1801~1887)였다. 그는 마음과 몸의 관계에 대한 법칙을 양적으로 정리하

---

2) 신체증상장애(somatic Symptom Disorder)는 의학적 소견이 발견되지 않는 상태에서 각종 신체적 증상을 호소하는 장애로 그 원인을 심인성으로 본다. 즉, '마음이 아프면 몸도 아프다'는 것으로 '심신이원론'의 주장을 반박하는 근거가 된다.

는 연구를 하였다. 심리학의 고전으로 평가되는 논문 「정신물리학의 원리(Elements of Psychophysics)」에서 그는 정신물리학의 체계적인 접근법을 제시하였다. 그는 정신물리학의 방법론을 제안하였으며, 새로운 학문인 심리학의 개념적·방법론적 토대를 마련하였다 (임성택, 안범희 역, 2009).

[그림 2-1] 페흐너

정신물리학(psychophysics)[3]은 자극의 물리적인 강도와 심리적인 감각 사이의 관계를 양적으로 측정하는 학문이다. 이는 인간의 마음을 자연과학적 접근 방법을 통해 연구하는 현대 심리학이 탄생하는 데 기여하였다. 따라서 심리학자들은 페흐너를 실험심리학의 개척자로 평가한다.

인간의 마음도 화학 성분처럼 여러 가지 구성요소가 결합된 것이다

페흐너와 함께 실험심리학의 아버지로 불리는 분트(Wilhelm Wundt, 1832~1920)는 최초의 심리학 실험실을 설립하였다. 그의 논문 「생리심리학의 원리(Principles of Physiological Psychology)」는 심리학의 가장 위대한 고전 중의 하나로 꼽힌다(임성택, 안범희 역, 2009).

[그림 2-2] 분트

---

3) 정신물리학(psychophysics)은 물리적 세계로부터 오는 외부 자극과 이들이 만들어 내는 주관적 감각 사이의 관계를 연구하는 학문이다. 이 학문과 관련된 심리적 과정은 1870년대 심리학 실험실에서 처음으로 연구된 때와 마찬가지로 지금도 여전히 실험심리학이 다루는 주제의 한 부분이다(정태연 역, 1999).

그는 심리학도 연구 방법론 등을 잘 고안할 경우 철학에서 독립된 하나의 학문으로 발전할 수 있다고 믿었다. 그가 물질이 화학성분의 결합으로 되어 있듯이 인간의 마음의 구조, 생각이나 감각적인 경험도 여러 가지 구성요소의 결합으로 설명이 가능하다고 믿었다는 것이 흥미롭다.

그는 제자였던 티치너와 함께 인간의 마음(의식, consciousness)의 구조를 자연과학적 방법으로 연구하고자 했다. 그들이 인간의 마음이 어떤 요소로 구성되어 있는지를 살펴보기 위해 사용한 방법은 내성법(introspection)으로, 의식의 내용이 아무리 복잡하더라도 엄격하게 잘 훈련된 내성법을 이용할 때 그 의식의 구성요소를 분석하는 것이 가능하며, 그렇게 해야 마음이나 의식을 이해할 수 있다고 보았다. 또한 마음의 구성요소가 무엇이며, 그 요소가 어떻게 상호작용하는지, 그리고 왜 그 요소가 그렇게 상호작용하는지를 알 수 있다고 생각하였다.

인간을 이해하기 위해서는 의식의 기능, 그 의식이 존재하는 목적과 이유를 밝혀야 한다

'기능주의(functionalism)'라는 용어를 정의하기는 매우 어렵다. 그러나 구조주의와 기능주의의 차이를 살펴보면, 구조주의가 '무엇(what)'이라는 질문에 관심을 갖는다면, 기능주의는 '어떻게(how)'라는 질문에 더 관심을 둔다고 할 수 있다. 기능주의자들이 가장 중점을 두는 것이 있다면 그것은 '적응(adaptation)'이다. 기능주의 역사에서 가장 중요한 인물을 든다면 당연히 미국의 심리학자이자 철학자인 윌리엄 제임스(William James, 1842~1910)가 될 것이다. 그의

『심리학의 원리(Principles of Psychology)』는 심리학 분야의 가장 영향력 있는 저서로 평가된다. 또 그의 철학적 다원주의, 실용주의 및 급진적 경험주의는 미국의 심리학과 철학에 깊이 각인되어 있다(임성택, 안범희, 2009).

[그림 2-3]
윌리엄 제임스

미국 하버드 대학교 철학 및 생리학 교수였던 제임스는 인간의 의식 연구에 관심을 갖고 있었다. 그는 의식이 어떤 요소들로 구성되어 있는지를 안다 하더라도 인간을 올바르게 이해할 수 없으며, 인간의 의식이나 정신 과정은 여러 개의 요소로 나뉠 수 없다고 생각했다. 또한 인간을 이해하기 위해서는 의식의 전체 기능을 밝혀야 하며 그 의식이 존재하는 목적이나 이유 등을 아는 것이 중요하다고 생각했다. 그리고 진화론의 영향을 받아 동물이 변화하는 환경에 적응하면서 노력하는 것은 생존과 관련된 정신활동이나 의식의 기능이라고 설명했다. 인간이 배가 고프다는 생각이 들면 생존을 위해 음식을 찾는 행위 따위가 의식의 기능이라 할 수 있다. 이와 같이 의식의 기능에 대한 관심을 가졌던 접근 방법을 '기능주의 심리학'이라고 불렀으며, 후에 듀이(John Dewey, 1859~1952)는 기능주의 심리학을 발전시켰다.

부분의 총합은 전체가 아니다

20세기 초 전통적인 심리학을 비판하면서 등장한 형태주의(gestalt) 심리학은 체코 출신의 심리학자 베르트하이머(Max Wertheimer, 1880~1943), 독일 심리학자 코프카(Kurt Koffka, 1886~1941) 및 쾰러(Wolfgang Köhler, 1887~1967) 등에 의해 1910년에 시작되었다.

[그림 2-4]
베르트하이머

게슈탈트(gestalt)는 형태(形態), 모양 등을 의미하는 독일어인데 영어로는 configuration, 불어로는 forme라고 한다.[4]

독일의 베르트하이머는 1912년에 정신 과정의 조직과 관계되는 형태주의 심리학을 발표했다. 그는 의식이란 분트가 생각한 것처럼 구성요소의 단순한 가산적 종합이 아니라, 통합된 전체로서의 역동적으로 작용하는 존재라고 주장하며 의식의 분석적 입장을 거부했다. 그는 의식의 내용을 요소로 분석하면 이미 원래의 내용은 존재하지 않으며, 이 요소들이 다시 결합된다고 해도 원래의 현상을 찾을 수 없다고 했다. 따라서 전체는 부분의 단순한 합이 아니며, 장(場)의 역동적 조직에 의한 정신과정에 의해 형성된다고 하였다(윤가현 외, 2011).

형태주의 심리학에서는 자극 표상은 접근성, 유사성, 방향성, 포괄성 등과 같은 지각적 원리에 따라 조직화되며, 우리에게는 자극을 하나로 통합하여 지각하려는 경향이 있다고 보았다. 그러나 이런 지각의 경향성은 단순히 '형태성'에 의존하기만 한 것이 아니라 개인의 경험과 욕구, 가치관, 성격 등 심리적 요인이 큰 영향을 미친다. 즉, 외부 대상을 지각하는 데 있어서 형태적인 특징에 개개인의 심리적 작용이 추가되어 해석된다는 것이다(박소진, 2015).

---

4) 독일어 'gestalt'에 꼭 어울리는 영어 단어는 없다. configuration, form, holistic, structure, pattern 등의 용어를 사용하긴 하지만, 완전히 일치하지는 않는다. 그런 의미에서 형태주의 심리학이라고 번역하는 것은 오역이라고 할 수 있다.

행동과 행동치료

행동주의를 이해함에 있어서 먼저 '행동(behavior)'이 무엇인지에 대한 정의를 알 필요가 있다. 배우 김수현의 눈동자 색깔과 전지현의 다리 꼬는 것 중 어떤 것이 행동일까? 전자는 행동이 아니고, 후자는 행동이다.

이렇게 행동은 몸을 움직여 어떤 동작을 하는 것을 말한다. 또한 내적·외적 자극에 대하여 생물체가 보이는 반응을 통틀어 이르는 말로 인간을 포함한 동물의 활동과 반응 모두 행동에 포함된다고 볼 수 있다. 즉, 행동이란 말하거나 행하는 것의 총칭이며, 다른 사람이 관찰할 수 있는 외현적·내현적(사고) 행동까지 포함된다. 유사 용어로는 '활동' '행위' '수행' 등이 있다. 행동은 다음과 같은 특성으로 요약할 수 있다.

- 행동이란 인간이 말하고 행하는 것이다.
- 행동은 관찰, 기록이 가능하다.
- 행동은 환경에 영향을 미친다.
- 행동은 외현적·내현적(생각)으로 구분할 수 있다.

바람직하지 못한 행동도 학습된 것이다

행동치료(behaviour therapy)는 행동주의에 기초해 바람직하지 않은 행동을 제거하는 심리치료의 한 형태이다. 행동치료의 목적은 환자가 장애를 나타내는 외형적 증상을 제거하는 것이고, 행동수정(behaviour modification)은 행동주의적 방법을 통해 특정 행동의 유형을 의도적으로 변화시키는 것이다(장태연 역, 1999).

1960년대에 스키너의 조작적 조건형성 이론과 기법들이 번성했다. 스키너는 개인적 혹은 사회적 문제를 치료하기 위해 특정한 프로그램을 제공하지는 않았지만, 다른 많은 연구자는 그의 이론체계가 인간 행동에 어떻게 관련될 수 있는지 탐색하기 시작했다. 처음에는 스키너가 쥐와 비둘기를 훈련시키기 위해 고안했던 실험실을 더 크게 만들어 놓고 거기서 인간 피험자들의 운동 수행을 측정했다. 오덴 린슬리(Ogden Lindsley)는 정신과 환자를 대상으로, 시드니 비쥬(Sidney Bijou)는 보육원 아이들을 대상으로 실험을 실시하였다. 이러한 맥락에서 '행동치료'라는 용어가 처음 등장하였는데, 이 용어가 통용된 것은 이후에 아이젱크(1960)가 사용하고 난 이후부터. 상대적으로 국한된 '목표'행동에 초점을 맞추고 있기 때문에, 조작적 접근법에는 '행동수정'이라는 명칭이 붙게 되었다. 그러나 1970년대 초반 환자의 인권에 대한 관심이 높아지고 전두엽 절제술과 전기충격요법 등에 대한 논란이 증가함에 따라 '행동수정'은 비판적 시선을 받게 되었다. 그 결과, 좀 더 부드럽게 들리는 '행농치료'라는 용어를 일반적으로 사용하게 되었다. 반면, 엄격하게 조작적 조건형성의 전통을 고수하는 사람들은 '응용행동분석(applied behavior analysis)'이라는 용어를 사용하였다(신민섭, 이현우 역, 2008).

행동치료와 행동수정은 부적응 행동을 제거하고 효율적인 행동으로 재학습시키는 것을 목표로 한다. 여기에서 핵심 개념은 바로 '학습'이다. 바람직한 행동이든 바람직하지 못한 행동이든 둘 다 학

습된 것이라고 본다는 것이다. 행동치료와 행동수정은 명확하고
분명한 증상을 해결하는 데 시도되고 있는 기법으로, 증상의 형성
에 관계되어 있는 잘못된 습관이나 행동을 더 바람직한 행동으로
대치하려고 노력한다.

사례 2.

수업시간에 시끄럽게 떠들며 수업 분위기를 망치는 행위를 하는 남학생이
있다. 남학생이 이상한 소리를 내거나 엉뚱한 얘기를 할 때 반 아이들이 남학
생의 행동에 재미있다는 반응을 보인다면, 이 행동에 대해 강화를 해 주는 것
이다(이런 반응은 의도적일 수도 있고 아닐 수도 있다). 아이들이 웃어 주면 줄
수록 남학생의 이상한 행동은 더욱 증가한다. 선생님은 남학생을 혼내거나 웃
어 주는 아이들에게 주의를 줄 수 있다. 그러면 일시적으로 조용해지는 것을
경험하겠지만, 잠시 후 문제의 남학생은 또다시 이상한 행동으로 아이들을 웃
기고 선생님은 다시 주의를 주게 된다. 이런 행동은 반복되고 급기야 분노가
폭발한 선생님이 화를 내고 남학생은 벌을 받게 된다. 그렇다면 이후 이런 행
동은 감소했을까?

행동주의에서는 이 문제를 어떻게 다룰 것인가

주의를 끌려는 행동에는 주의를 기울이지 않고 무시하는 것이
가장 좋은 방법이다. 남학생이 이상한 행위를 할 때, 선생님은 무시
를 하거나, 경고를 줄 수 있다. 아니면, 잠시 남학생을 자리에서 일
어서게 하고 아이들과 거리를 두고 서 있게 하여 수업에 참여를 하
지 못하게 하는 일종의 '타임아웃(time out)'을 할 수도 있을 것이다.
물론 공부가 하기 싫어서 이런 반응을 한 것이라면, 이 방법은 유용

하지 않다. 남학생이 조용히 있거나 수업에 방해가 되지 않는 반응을 보인다면, 이 반응만 차별적으로 강화를 해 주는 것도 유용하다. 남학생은 바람직한 행동을 했을 때만, 긍정적인 반응을 얻기 때문에 이런 행동을 자주 할 가능성이 높아진다. 이렇게 행동주의 상담은 눈에 보이는 구체적인 문제점을 찾고 그에 대한 현실적이고 구체적인 방안을 제시한다.

사례 3.

학교에서 문제행동을 보이는 초등학생이 있다. 먼저 이 학생의 행동을 면밀히 관찰하고 나서 문제행동이 무엇인지를 살피고, 그중에서 가장 문제시되거나 시급하게 교정되어야 하는 목표행동을 잡는다(자해가 심한 경우는 이 행동이 먼저 교정되어야 한다). 이 학생은 평소 쓰는 언어의 문제, 즉 욕설을 시도 때도 없이 사용하고 심지어는 수업시간에도 욕설을 하여 반 분위기를 망치는 등의 문제를 가지고 있다.

이 초등학생에게는 욕설의 실제 의미가 무엇인지 알게 해 주는 것이 필요할 수 있다. 최근 조사에 의하면 상당수의 초등학생이 욕설을 하는데, 실제 그 의미를 알지 못하면서 사용하는 경우가 많다고 한다. 이런 의미를 알려 주는 것만으로도 어느 정도 효과가 있다는 연구들이 있다. 그리고 나서 욕설을 사용하지 않을 경우에 칭찬이나 아동이 좋아하는 강화물을 제공함으로써 효과적으로 지도할 수 있다.

이때 상담자는 행동적이고 지시적이며, 내담자가 보다 효율적인 행동을 배우도록 돕는 교사, 훈련가로서 기능을 하며, 긍정적 행동

증진을 최우선 목표로 둔다. 이 기법에서는 내담자와 상담자 간의 친밀감 형성과 같은 인간적 관계를 강조하지는 않는다. 그렇다고 해서 내담자와 상담자 간의 상담관계가 중요하지 않다는 것은 아니다. 기본적으로 행동절차를 개선하는 일에 신뢰 관계가 밑바탕이 되어야 한다는 점에서는 이견이 있을 수 없다.

행동치료와 행동수정은 결과에 대한 경험적인 타당성에 기초한 실용적인 기법을 사용하며, 개인, 집단, 부부 및 가족 상담 등에도 현재 광범위하게 적용되고 있다. 이 접근법은 공포증, 우울증, 성도착증, 아동의 행동문제, 심장질환의 예방 등에 유용한 것으로 알려져 있다. 또한 소아의학, 스트레스의 관리, 임상의학, 교육, 노인의학 등과 같은 분야에도 적용할 수 있다.

학습은 지식이나 기술 등을 배우고 익히며, 반복적인 연습이나 경험의 결과로 발달한다

다시 강조하건대, 행동치료에서 중요한 것은 '학습(learning)'이다. 어떤 행동을 하느냐는 어떻게 학습되었느냐와 관련되어 있다는 이야기이다. 어렸을 적 부모에게서 양질의 문화적·교육적 혜택을 받은 아이들과 그렇지 못한 아이들의 행동은 다를 수밖에 없다.

그런데 최근 우리나라의 상황을 보면 암담하다는 생각이 절로 든다. 우리나라 부모들은 자녀들의 미래를 위해 방과 후에도 여러 학원을 전전하게 하며 교육을 시키고 있다. 필자의 학창시절에는 보습학원이 존재하지 않았다. 그리고 과외도 법적으로 금지되어 있었기 때문에 지금과 같은 사교육 열풍은 상상하기 어려웠다. 우리 때에도 교육열은 높았지만, 지금처럼 아이들이 여러 학원을 다니고 밤 늦게 집에 들어오는 상황은 아니었다. 그것도 점점 나이와 학년이 낮아져서 이제는 유치원, 초등학생들조차 사교육에서 자유로울 수 없다.

그래서 '학습'이라는 단어를 들으면, 학교나 학원 등에서 이루어지는 학습, 즉 특정 교과목 위주의 '공부'만을 떠올리게 된다. 그러나 '학습'은 학교 학습이나 지금과 같은 사교육만을 의미하는 것이 아닌 보다 포괄적인 개념으로 이해해야 한다. 학교 학습뿐만 아니라 어렸을 적부터 경험을 통해 습득되는 것도 '학습'이라는 것이다. 그러므로 풍부한 경험을 하도록 하는 것이 인지적 · 정서적 능력을 향상시키는 데 상당히 기여한다.

학령전기나 학령기의 아동 · 청소년에게 학습은 매우 중요하다. 어디까지나 지나친 경쟁으로 인한 교과 위주의 학교 학습 또는 학원 학습이 문제라는 것이지, 학생의 본분인 새로운 것을 받아들이고 배우고 익힘으로써 사회의 일원이 되기 위해 준비하는 과정이라는 것을 잊어서는 안 된다. 그런데 어떤 부모들은 "공부가 뭐 중요한가요? 건강하고, 행복하기만 하면 되지." 하며 자신의 자녀가 학습에 등한시하는 것에 대해 합리화하곤 한다. 그러나 기초 학습이 되어 있지 않다면, 앞으로 이 아이들이 성장해서 정상적인 사회생활을 하기 어렵다는 것을 알아야 한다. 공부를 매우 잘해야 할 필요까지는 없겠지만, 타인과 의사소통하고 기본적인 일상생활이나 사회생활을 하기 위해서는 기초 학습은 반드시 필요하다.

사례 4.

필자가 경험한 내담자는 사회생활에 어려움을 보이고 가족들과도 갈등을 빚고 있었다. 참다 못한 가족들에 의해 그는 어쩔 수 없이 상담실을 찾았고 심리검사를 실시한 결과, 그의 지능이 89('평균 하'의 지적 수준)으로 나왔다. 이는 어렸을 때 충분한 문화적·교육적 경험을 갖지 못하였기 때문이었다. 어려서 어머니가 돌아가시면서 그를 충분히 훈육하고 교육시킬 만한 사람이 없었던 것이다. 그가 어느 날 나에게 조심스럽게 자신의 고민을 털어 놓았다. 사실 그는 영어를 전혀 모른다는 것이다. 내담자는 와인공장에서 납품 업무를 보는 사람이었는데, 자신이 납품해야 하는 와인이 모두 영어 아니면 외국어로 되어 있기 때문에 이를 검수하는 과정에서 어려움을 겪는다는 것이었다. 그냥 눈치껏 해 왔는데 그것도 한두 번이지 실수할 때마다 이제 와서 주변 사람들에게 이런 사실을 알릴 수도 없고 너무 난감하다는 얘기였다. 너무 기초가 없어서 영어 학원조차도 가기 꺼려진다고 하였다. 이 정도가 되면 정말 곤란하다. 평균적인 지능을 가지고 있으면서도 장애 아닌 장애를 가진 사람으로 살아가야 하는 것이다.

이와 비슷한 이야기는 얼마 전 인기리에 종영한 tvN 드라마 〈응답하라 1988〉에도 나온다. 평소 성격 좋고 딱 부러지기로 소문난 라미란은 일본 여행을 앞두고 있었다. 여권 발급을 받으러 간 아들이 라미란에게 전화해서 영문 이름을 물어보자, 처음에는 이런저런 핑계로 알려 주지 않다가 결국 아들에게 이렇게 고백한다. "아들, 엄마가 영어를 몰라." 실은 라미란은 가정 형편이 어려워 중학교를 다니다 말고 돈을 벌기 위해 일수를 찍으러 다녔고, 영어를 공부할 기회를 갖지 못했던 것이다.

이처럼 지적 자극의 결핍이나 발달적 지연, 정서적 문제 등으로 인해 기초학습 과정에 어려움이 있는 경우 지속적으로 추후 학습에 영향을 미칠 수 있다. 이런 경우 의사소통이나 또래관계, 나아가서 사회생활에 문제를 야기할 수 있기 때문에 상담 및 교육이 반드시 필요하다. 누군가가 "공부 못하는 것이 병인가요?"라고 묻는다면 공부를 못하는 것은 병은 아니지만, 기본 상식이나 지식이 부족하면 살아가는 데 장해가 되는 것은 분명하다고 말해 줄 것이다.

학습이론들

행동주의 치료기법의 근거는 학습이론에 있다

행동주의 치료기법들은 학습이론에 근거를 두고 있다. 대표적인 학습이론으로 고전적 조건형성은 유기체가 앞으로 일어날 사건에 대비할 수 있게 하고, 도구적 조건형성은 자신의 행동 결과를 통해 더 효과적인 행동을 습득하게 만든다. 조건형성은 아주 광범위하게 작용하지만, 특정 유기체의 환경이나 생물학적인 특징이 그 종이 할 수 있는 조건형성의 종류나 정도의 한계를 부여한다. 조건형성보다 더 고차적인 것으로 간주되는 인지학습은 사고가 개입되는 것으로서 통찰학습, 인지도, 관찰학습 등이 그 예이다(윤가현 외, 2011).

여기서는 파블로프의 고전적 학습이론과 스키너의 조작적 학습이론, 반두라의 사회적 학습이론을 중심으로 살펴보고자 한다.

파블로프의 침 흘리는 개 이야기(수동적 조건화)

이반 파블로프(Ivan Pavlov, 1849~1936)는 '침 흘리는 개 실험'으로 유명한 러시아의 생리학자이다. 그는 원래 개의 소화액 분비를 연구하고 있었다. 그러던 중 우연히 실험 개가 음식물이 제시될 때마다 침을 흘린다는 것을 발견한다. 그리고 음식물이 제시되지도 않고 음식을 주는 사람의 발자국 소리를 듣기만 해도 침을 흘린다는 사실을 발견하게 된다.

조건반사 실험은 다음과 같다. 먼저 소리와 같은 조건자극이 제시되고 그다음에 바로 음식물과 같은 무조건자극이 제시된다. 이런 식으로 실험이 반복되면 동물은 처음에는 전혀 관심 없던 자극(소리)에 점점 반응하게 된다는 것이다. 다시 말해, 무조건자극(unconditioned stimulus: US, 예: 음식)에 대한 무조건반응(음식에 대한 침 흘리기)을 중성적인 조건자극(conditioned stimulus: CS, 예: 벨소리)으로 조건화(벨소리에 대한 침 흘리기-조건반응)시키는 것이다. 여기서 필수적인 것은 강화(예: 음식을 주는 것)가 반드시 따라와야 한다는 것이다.

파블로프는 조건반응 형성 이외에 강화, 소거, 자발적 회복, 일반화, 식별화, 고차 조건형성 같은 조건 반응에 따르는 부수적 현상에 대해서도 연구하였다. 파블로프의 조건반사 개념은 행동주의 심리

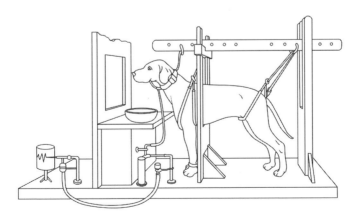

[그림 2-5] 파블로프의 침 흘리는 개

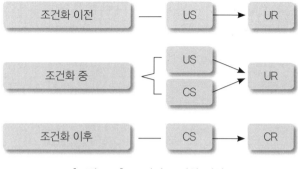

[그림 2-6] 고전적 조건화 절차

학의 중심 개념이 되어 왓슨과 스키너의 행동주의 이론의 골격이
되었다(장현갑, 2015).

어떠한 반응은 학습되거나 조건화가 되지 않아도 선행자극(무
조건자극, unconditioned stimulus: US)에 의해 무조건반응(uncondi-
tioned response: UR)한다. 무조건반응은 무조건자극이 제시될 때
나타나는 신체적 반사행동이다. 수동적 조건화에서는 중립적인 반
응을 유도하는 중성조건을 무조건자극과 함께 제시함으로써 무조
건반응과 비슷한 조건반응(conditioned response: CR)을 끌어낸다.
그러나 무조건자극이 없는 상태로 조건자극이 계속 제시된다면 조
건반응은 감소할 것이다. 조건반응이 소거된 상태라도 조건자극이
조건반응을 이끌어 내기도 한다. 이를 자발적 회복이라 한다.

공포는 학습될 수 있다?

필자가 몇 년 전 모교에서 경험한 일이다. 도서관을 나와 길을 걷
고 있었는데 휴대전화에 문자가 와 있기에 문자를 확인하고 있던
중이었다. 필자의 모교는 강의동들이 가깝고 캠퍼스 내에서는 차

로 이동할 수 있는 환경이 아니었다. 가끔 자전거 등을 이용하는 사람들이 있긴 하지만, 대부분의 학생이 걸어다니기 때문에 적어도 자동차로 인한 사고가 일어날 일은 거의 전무했다. 그런데 문자를 확인하고 있던 나는 직감적으로 위험을 감지했다. 1톤 정도 되는 작은 트럭이 나를 향해 돌진해 오고 있었다! 지금도 이해가 안 가는 상황이지만, 나는 괴성을 지르며 차를 피했고, 그러는 도중에 휴대전화를 바닥에 떨어뜨려 망가지는 일이 발생했다. 지금 생각해도 너무 놀랍고 끔찍한 일이었다. 정말 순식간에 일어난 일이었고 나를 향해 무섭게 돌진해 오는 차를 본능적으로 피해 큰 사고를 모면할 수 있었다.

이처럼 공포는 무섭고 두려워하는 심리 상태를 일컫는 말로 우리 인간의 가장 원초적인 정서이기도 하다. 원초적이라고 말하는 것은 전형적인 정서가 보여 주는 인지, 느낌, 생리적 변화와 행동 등에서 보이는 것에서 전형적인 것이라는 의미이다. 즉, 공포와 분노는 특정한 평가, 강력한 느낌, 강한 생리적 각성과 도망이나 공격과 같은 행동(트럭을 피하는 행동)과 연합되어 있다. 공포는 불쾌한 경험인 동시에 유익하다. 왜냐하면 우리의 생존과 직결되기 때문이다. 우리가 공포심을 갖지 않는다면 위험한 상황에 적절히 대처하지 못하고 위험에 그대로 노출되어 생명이 위태로워질 수도 있다.[5]

'공포가 학습될 수 있는가?'에 대해 묻는다면 물론이다. 영화 〈피

---

5) 공포란 실제로 있거나 즉각적인 위험에 대한 감정적 반응이지만, 불안이란 미래의 위협에 대한 예측에서 발생하는 현상이다. 분명히 두 상태는 중복되는 부분이 있지만, 공포가 싸움-도피행동(fight to fight)을 위해 필요한 자율신경계의 각성, 즉각적인 위험에 대한 생각, 도피 행동과 관련이 더 깊은 반면, 불안은 미래의 위험에 대한 준비 및 회피행동과 관련된 과잉각성 및 근육의 긴장과 관련이 더 깊다는 점에서 다르다.

아니스트〉에서는 독일 나치주의자들이 유태인을 학살하는 장면이 지속적으로 나온다. 그런데 어느 누구도 이에 대해 저항하지 않는다. 그들은 무기력하게 죽어 간다. 그들은 '공포'를 학습했다. '독일 나치주의'와 관련된 모든 것은 공포의 대상으로 확산되었을 것이다. 그리고 저항해 봐야 소용없다는 학습된 무기력 또한 동시에 자리잡고 있었기 때문에 적절한 대응이나 대항이 어려웠을 것이다.

대부분의 공포는 학습된다. 물론 어떤 것은 보다 잘 학습되기도 하고 그렇지 않을 수도 있다.

왓슨은 자극-반응 심리학(행동주의)을 주장하며 파블로프의 고전적 조건형성의 원리로 공포증이 학습될 수 있다는 것을 실험을 통해 처음으로 증명하였다. 앨버트라는 11개월 된 어린아이를 대상으로 한 실험이었는데, 앨버트가 좋아하는 흰 쥐(CS)가 제시될 때마다 반복해서 큰소리(US)를 제시함으로써 흰쥐에 대한 공포증으로 전이되는 것을 확인하였다. 공포가 고전적 조건형성의 원리에 의해 학습될 수 있다는 것을 보여 준 사례라고 할 수 있다. 물론 어린아이를 대상으로 한 이 실험은 아동 학대의 우려가 있었기 때문에 윤리적인 문제가 제기되었다(그 당시 앨버트는 11개월이었고, 고아였다). 반면, 존스(1924)는 고전적 조건 원리를 공포증 치료에 적용하였고 공포를 유발하는 자극과 유쾌한 자극을 결합(둔감화), 고전적 조건형성의 역조건을 형성하였다. 즉, 고전적 조건 원리를 활용해서 공포증 치료 또한 가능하다는 것을 보여 주었다.

뱀을 두려워하는 것은 인류 공통의 무의식적 소산이다
동서고금을 막론하고 '뱀'에 대해서 우리가 두려움이나 적대적이거나 부정적으로 인식하는 것은 동일하다. 왜일까? 도대체 뱀이 우리에게 무슨 잘못이라도 했을까?

더욱이 대도시에 사는 현대인이 뱀을 접하는 일은 거의 없다. 그럼에도 우리는 뱀을 두려워한다. 적어도 이는 아주 오래전 원시인들에게는 끔찍한 공포의 대상이었음에 틀림없다. 진화심리학자들은 우리의 뇌가 아직도 1만 년 전 원시인의 뇌와 별다를 것이 없기 때문이라고 주장한다. 그래서 그때 각인된 공포가 아직도 우리의 무의식을 지배하고 있다는 것이다. 그리고 분석심리학자인 융은 '집단무의식'이라는 개념을 통해서 이를 설명하고 있다. 집단무의식은 인류 공통의 것으로 프로이트가 말하는 '개인무의식'과는 달리 설명되어야 하는데, 이 집단무의식의 내용물이 '원형'이다. 뱀의 원형은 '어둡고 사악하며, 해로운 무엇'이라는 상징을 내포한다.

그런데 이 공포의 기저는 결국 '뱀이라는 위험한 동물을 피하라.'는 메시지를 함의하는 것이다. 화창한 어느 봄날 산행을 가고 있다고 치자. 멀리서 검고 긴 어떤 물체가 보인다(뱀처럼 보이는, 그러나 뱀이 아닐 수도 있다). 그렇다면, 어떻게 해야 할까? 가까이 가서 그 물체가 뱀인지 아닌지 확인해야 할까? 가장 좋은 방법은 뱀인지 아닌지 확실치 않은 상황이라면 돌아가는 것이 상책이다. 굳이 이런 위험에 자신을 드러낼 필요가 없다. 다시 말해서 공포와 불안은 스스로를 보호하기 위한 장치이다. 정확하지는 않지만 뱀으로 보이는 물체가 있다면, 우리의 대부분은 그것을 확인하기보다는 돌아가는 것을 선택할 것이기 때문이다. 따라서 두려움이나 불안은 우리에게 혹시 발생할지도 모르는 위험을 예방하기 때문에 생존율을 높이는 역할을 한다.

공포와 불안은 정상적인 발달과정에서 나타날 수 있다

많은 아동이 공포와 불안을 경험한다. 이런 공포와 불안을 경험하는 것은 많은 아동의 정상적인 발달 과정에서 흔하게 나타난다. 그리고 아동이 성장하면서 겪는 불안과 공포는 현실에 대한 지각의 변화를 반영한다. 대개 초기 아동의 공포는 '귀신'과 같이 막연하고 피상적이면서 통제 불가능한 어떤 것으로 경험되는데,[6] 이런 불안과 공포는 시간이 지날수록 보다 구체화되고 차별화되면서 현실에 가까워진다. 예를 들어, 또래들과 잘 어울리는 것이라든지 학교에서 잘 적응할 수 있을지 등과 같은 현실적인 걱정으로 구체화된다.

불안은 특정 상황에서 경험이 극대화되면서 아동·청소년의 기능을 현저히 방해한다면 장애로 보아야 하며, 심각하고 만성화된 공포로 인해 아동이 주요 발달과제, 즉 친구 사귀기, 입학, 연령에 적절한 분리를 하지 못할 경우 치료적 개입이 필요하다. 적절한 치료적 개입을 하지 않는다면 아동 및 청소년기의 불안장애는 만성화되고 성인기 공존이환의 정신병리(불안, 우울, 물질 사용)로 이어질 수 있다.

---

6) 어린아이가 '귀신' 또는 '괴물'의 존재에 대해 과도하게 두려움을 보이는 경우를 종종 보게 된다. 사실, 성인에게도 귀신이나 괴물 같은 존재가 어느 정도 불안과 두려움을 유발하기는 하지만, 공포물이 소비되는 것을 보면 이런 존재에 대한 무의식적인 두려움은 남아있는 것 같다. 그러나 이런 존재에 대한 현실적인 감각을 가지고 있기 때문에 두려움과 불안은 지속적이지 못하다. 그러나 경험이 부족하고 현실 검증 능력이나 현실감각이 떨어지는 어린 아동에게 귀신이나 괴물은 보다 포괄적인 개념, 즉 불확실하고 알 수 없는 세상에 대한 원초적인 두려움과 공포이며 이에 대한 형상화가 아닐까 싶다.

<표 2-1> 파블로프의 조건형성과 행동치료

자주 강화하면 반응의 강도는 커진다

강화는 반응의 빈도를 높이는 데 그 목적이 있다. 따라서 자주 자극을 주는 것이 필요하다.

무조건자극은 맛있는 음식과 같은 것이다. 이에 비해 조건자극은 종소리와 같은 유기체에게 별다른 자극이 되지 않는 중성적인 것이다. 이 두 자극을 짝을 지어서 제시하게 되고 그것도 자주 제시하면 반응의 강도가 커질 수밖에 없다. 즉, 종소리만 듣는 것만으로도 개는 침을 질질 흘리게 된다는 것이다. 주의해야 할 것은 무조건자극(음식)을 너무 많이 제시하는 것은 금물이다. 한 번에 너무 많은 양의 음식을 주면 포만이 일어나서 그 자극에 반응을 보이지 않을 수 있기 때문이다. 생각해 보라. 아무리 좋아하는 음식도 너무 배불리 먹으면 한동안 그 음식 생각이 나지 않게 된다.

학습된 반사는 강화를 주지 않으면 사라진다

이는 소거의 개념으로 강화를 주다가 주지 않는다면 반응은 사라지게 된다. 파블로프의 개에게 종소리라는 조건자극과 함께 음식이라는 무조건적인 자극이 함께 주어졌기 때문에 종소리에도 반응을 보인 것이다. 그런데 음식이라는 강화가 더 이상 주어지지 않는다는 것을 깨닫게 된다면 반응도 일어나지 않는 것은 당연한 결과라고 볼 수 있다.

원래의 자극과 유사한 자극에도 일어날 수 있다(일반화)

"자라 보고 놀란 가슴 솥뚜껑 보고 놀란다."라는 속담처럼 원래의 자극과 유사한 자극에도 반응은 일어날 수 있다. 이는 '일반화'의 개념을 설명한 것으로 반응은 유사한 자극에도 비슷한 반응을 유발할 수 있다.

반대로 자극강화 여부에 따라 구별해서 반응하도록 하는 것을 분별(식별)이라고 하는데, 예를 들면 개에게 300사이클 음에는 강화하고 400사이클 음에는 강화하지 않을 때 개는 두 음을 구별해서 반응하는데, 이를 자극식별이라고 한다. 이때 중간음을 들려주면 개는 매우 혼란스러워하며 신경증을 보일 수도 있다.

행동은 보상을 받으면 그 행동의 빈도가 증가한다(조작적 조건화)

스키너(Burrhus Frederic Skinner, 1904~1990)는 펜실베이니아의 작은 도시에서 태어났다. 변호사인 아버지와 가정주부인 어머니 사이에서 비교적 유복하게 자랐다.

스키너는 1938년에 『유기체의 행동(The Behavior of Organisms)』, 1953년에 『과학과 인간행동(Science and Human Behavior)』을 발간하였다. 그는 그의 대부분의 저술에서 행동의 실험적 분석만이 인간 복지에 도움을 줄 수 있다고 기술하고 있다. 스키너의 행동주의는 비판을 받기도 하였지만, 20세기 후반에 심리학계에 광범위한 영향을 미쳤다. 그는 행동수정이론의 아버지로 불리며, 조작적 조건화 이론을 발전시켰다.

조작적 조건형성(operant conditioning)은 어떤 행동은 보상(강화)을 받으면 그 행동의 빈도가 늘어나며, 처벌을 받으면 그 빈도가 줄어든다는 원리를 기반으로 하고 있다.

강화가 효과가 있으려면 즉시적이며 유인력이 있어야 하고, 강

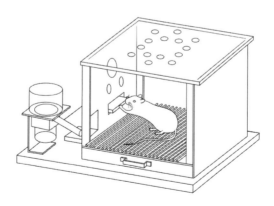

[그림 2-7] 조작적 조건의 스키너 상자

화 강도의 변화와 제시되는 시간에 따라 다양한 행동수정이 가능한 '강화 원리'를 제시하였다.

직접적인 보상 없이도 학습은 일어날 수 있다

반두라(Albert Bandura, 1925~)는 캐나다 앨버타 주의 작은 시골에서 태어났다. 그의 부모는 폴란드에서 이민 온 농부로 학교교육을 거의 받지 못하였지만 자녀교육에 관심이 많았다. 반두라는 고등학교를 졸업한 후 알래스카 고속도로 건설 현장의 노무자로 일하면서 정신병리 현상을 가진 많은 사람을 경험했다.

반두라는 인간의 행동은 강화를 통해 변화될 수 있다는 스키너의 주장을 받아들이면서도 직접적 강화 없이도 모든 행동이 학습될 수 있다고 주장했다. 예컨대, 다른 사람의 행동을 관찰한다거나 행동의 결과로 일어나는 사태를 관찰하는 따위처럼 직접적인 보상 없이도 학습이 가능하다는 것이다. 이런 간접학습은 동물에게서는 일어나지 않는다. 인간에게서만 가능하다. 그는 실험을 통해서 취학 전 아동들이 어른의 공격행동을 관찰하고 모방하는 것을 보여주었다. 이를 반두라는 '대리 보상'이라 불렀다(장현갑, 2015).

사회인지이론은 실험실에서 행동을 연구하거나 임상 장면에서 행동을 수정할 때 효과적이며 많은 동료학자에게 널리 수용되어 확실한 지지를 받고 있다. 반두라의 방법은 미국 심리학의 기능주의나 실용주의에도 잘 부합하고 오늘날 유행하는 내적 인지변인에도 초점을 두고 있으며, 실제 현실에도 잘 응용될 수 있다는 평가를 받고 있다.

강화

강화는 초콜릿(보상)이다

한 토크쇼에서 여성 개그맨이 자신에게 있었던 일화를 소개한다.

남편이 처음으로 자신을 위해 꽃다발을 사 들고 집에 왔다. 평소 꽃을 좋아하지 않았던 그녀는, '이 꽃 속에 뭔가 다른 선물이 숨겨져 있을 거야.'라고 생각했다. 그래서 꽃을 받자마자, 꽃다발을 뒤집어 보기도 하고 안을 샅샅이 뒤졌는데, 아무것도 나오지 않았다. "이게 다야?" 하며 자기도 모르게 한숨을 쉬었고 남편은 그 이후로 절대 아무것도 선물하지 않았다는 비극적인 이야기였다. 십수 년이 지난 지금 자신은 참회하고 있다면서.

남편이 아내를 위해 선물을 사 온 행위는 그녀의 부정적인 반응과 연결되면서 상대를 기쁘게 하고자 한 행위 뒤에 기대한 반응이 아닌 부정적이고 실망스러운 자극(일종의 혐오자극)이 주어짐으로써 이 행위를 다시는 하고 싶지 않게 만들었던 것이다.

어떻게 하면 상대로부터 얻고자 하는 것을 얻을 것인가?

사랑하는 남성에게 반지를 받고 싶은 여성이 있다. 그녀는 어떤 형태로든 상대 남성에게 자신이 원하는 목표(반지 또는 기타 다른 물질)를 얻기 위해 어필할 것이다. 어떤 여성은 자신이 원하는 것을 해 주지 않는 남자친구에게 짜증을 내고 퉁명스럽게 대하는 등의 방식으로 남성에게 어필할 수 있다. 또 어떤 여성은 남성에게 자신이 원하는 것을 슬며시 제시하면서 남성이 이에 근접하는 행동을 할 때마다 긍정적인 신호를 주면서 좋아하는 반응을 보여 준다. 이 때 전자보다는 후자의 여성이 자신이 원하는 목표에 도달할 가능성이 높다. 이렇게 어떤 행동에 뒤이어 자극을 제시하거나 제거함으로써 그 행동의 발생 가능성을 높이는 것을 '강화'라고 한다. 즉, 남성이 여성이 원하는 것은 아니지만, 근접한 것을 제공할 때 여성이 미소나 환호 등(긍정적인 반응)을 보여 준다면, 남성은 자신의 행동에 '강화'를 받음으로써 이 행위를 자주 할 가능성이 높아진다는 것이다. 이렇게 처음에는 비록 마음에 들지 않더라도 자신의 목표를 위해 적극적이면서도 긍정적으로 반응할 필요가 있다.

'강화'라는 용어는 행동치료기법인 행동수정(최근에는 응용행동분석이라는 용어가 더 자주 사용됨)에서 자주 등장하는 용어이다. 다소 생소하게 느껴질 수 있는데, 흔히 '보상'이라는 말로 표현할 수 있다.

우리는 일상생활에서 어떤 행동, 자신에게 유리하거나 바람직한 행동을 증가시키기 위해 어떤 보상을 준다. 부모, 선생님, 직장 상사들은 자신의 자녀나 학생, 또는 부하 직원들에게서 어떤 목표 행동을 일으키기 위해서 '칭찬'과 같은 보상행위를 해 줌으로써 목표행동이 빈발하도록 유도한다. 이것은 누구나 의식하든 의식하지 않든 우리 일상생활에서 쉽게 찾아볼 수 있는 현상이다. 보상을 적절하게만 잘 사용한다면 삶에 활력이 되기도 하고 어떤 동기를 제공하기도 한다. 또한 보상은 좋아하는 것을 주는 것뿐 아니라, 싫어하는 것을 하지 않게 하거나, 제거해 주는 것도 될 수 있다.

필자의 학창시절에는 숙제를 해 오지 않거나 지각을 한 경우 선생님들이 운동장을 돌게 하거나 화장실 청소하기와 같은 벌을 주곤 했다. 이런 벌을 받지 않으려면 숙제를 잘 해 오고 지각을 하지 않으면 된다. 따라서 숙제를 잘하고 일찍 등교하는 행동이 자주 일어남으로써 벌이라는 부정적인 자극이 제거되는 것이 일종의 보상으로 작용할 수 있다.

커피 전문점에서 찍어 주는 스탬프는 강화물이다

대부분의 커피 전문점에서는 커피 한 잔을 사면 종이 카드에 도장을 찍어 주고 도장 열 개가 모이면 커피 한 잔을 공짜로 준다. 어렸을 때, 학교에서 숙제하면 선생님들이 '참 잘했어요'라는 도장을 찍어 주듯 점원이 도장을 찍어 준다. 때로는 직권으로 '기분이다' 하면서 슬쩍 도장을 하나 더 찍어 주는 센스 만점의 점원도 있다. 그렇게 열 개가 모이면, 공짜로 커피 한 잔을 마실 수 있다. 생각보다 이 방법은 효과적이다. 나이가 많건 적건 이 도장 하나가 뭐라고 이걸 받으려고 줄을 서 있으니 말이다.

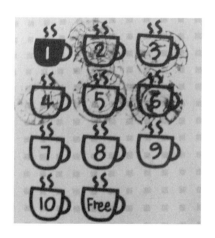

[그림 2-8] 강화물의 예

얼마 전 '아동 행동수정'을 주제로 부모교육 강의를 하러 간 적이 있다. 20대에서 50대까지 다양한 연령층의 부모들이 강의를 들으러 왔다. 사람들의 얼굴은 경직되어 있었다. 분위기를 좋게 만들려고 웃긴 얘길 해 봐야 별 반응이 없어 약간 의기소침해졌다. '강화'라는 개념을 설명하며 "알게 모르게 우리는 이런 강화를 일상생활에서 사용하기도 하고 이런 원리를 이용한 상술에 이용당하기도 한다…."라는 얘기를 하던 중 갑자기 냉장고에 붙어 있던 중국집 스티커가 생각났다. "아… 40개를 모으면 탕수육 먹을 수 있다고 했는데… 네 개 남았다!" 나도 모르게 이렇게 중얼거렸고, 그 얘기를 들은 사람들은 자신도 모르게 웃음을 터트렸다. 생각해 보니 자신의 냉장고 어딘가에 붙어 있을 법한, 또는 주방 서랍장 어딘가에 모아 놓은 쿠폰들을 떠올리며, 모두들 공감했기 때문일 것이다.

강화물은 학습되지 않은, 무조건적으로 동기를 유발하는 것이다

앞에서 설명한 대로 어떤 동기를 유발하는 모든 것이 강화물이 될 수 있다. 강화물에는 일차적 강화물(음식, 과자, 음료수, 장난감 등)과 이차적 강화물(칭찬, 미소, 토큰, 스티커, 좋아하는 게임이나 활동 등)이 있다.

대개 연령이 낮고 지적 수준이나 발달 수준이 낮은 경우에 일차적 강화물을 사용하고 연령이 증가함에 따라 2차적 강화물을 사용하며, 개인차를 더 고려해야 한다. 연령이나 인지 능력, 개인차를 고려하여 선택하여야 하는 이유는 강화물이 강화물로써 더 이상의 값어치를 지니지 않는다면 그것은 더 이상 강화물이 아니기 때문이다. 어느 정도 연령이 된 아동이나 청소년에게는 그 아이들이 무엇을 좋아하는지를 정확하게 아는 것이 중요하다. 별로 좋아하지 않는 것을 제시하면 아이들은 흥미를 갖지 않는다. 그래서 갖고 싶어하는 목록을 조사하여 강화물을 정하는 것이 효과적이다. 또한 물건의 희소성이나 과거의 경험, 강화물의 크기, 빈도 등을 고려해야 한다. 예전에 필자가 아이들에게 초콜릿을 강화물로 제시한 적이 있었다. 그때는 많은 치료사들이 강화물로 초콜릿을 주곤 했다. 문제는 아이들이 여기저기 같은 강화물로 강화를 받다 보니 너무 식상하고 어떤 아이들은 초콜릿에 질려 오히려 역효과를 보이는 경우도 있었다. 그래서 그때부터는 일차적인 강화물을 거의 사용하지 않았다. 강화 효과는 즉시성, 일관성, 유인력에 따라 달라질 수 있다. 연령이 낮을수록 강화는 즉시 주어지는 것이 효과적이다. 시간이 지나서 강화를 해 주거나 혼을 내는 것은 어린아이에게는 의미가 없다. 잘했을 때와 잘못했을 때 즉각적으로 반응을 해 줘야 하며, 일관성이 있어야 한다. 따라서 강화를 하는 것도 일정한 규칙과 계획이 필요하다. 또한 유인력, 즉 강화가 효과를 발휘하기 위해서 이것이 얼마나 필요한가, 얼마나 대상을 끌어들일 만한 매력이 있는 것인가를 고려하는 것이다. 적당한 결핍이 있어야 반응을 보이지 너무 과하게 주어질 경우 포만이 생겨서 그에 반응하지 않기 때문이다(박탈이 되어 있을 때는 유인력이 있지만 포만, 즉 너무 많이 주어질 경우에는 강화물로서 가치를 잃을 수 있다. 아무리 초콜릿이 좋아도 너무 물리게 주면 안 된다는 얘기다.).

정적 강화는 자극을 더하는 것이다

정적 강화는 자극을 제시함으로써 뒤에 따라오는 반응의 증가를 이끄는 것이다. 정적 강화의 예는 흔히 자주 사용되고 관찰된다. 가장 자주, 긍정적으로 사용되는 강화의 예가 '칭찬'이다. "칭찬은 고래도 춤추게 한다."라는 말처럼 칭찬은 어떤 행동의 빈도를 증가시키는 데 가장 좋은 방법 중 하나이다. 그러나 이런 칭찬도 잘 사용해야 할 필요가 있다. 적어도 잘한 행동에 대해 잘했다고 해 줘야 한다. 진정성 없는 칭찬이나 상황에 맞지 않는 칭찬은 오히려 불쾌감을 일으킬 수도 있다. 특히 청소년기에 접어든 아이에게 어린 아이에게 하듯 칭찬을 해 주면, 역효과를 보이기도 한다. 현실적이고 구체적이고 정확하게 칭찬을 해 줘야 한다. 지나치듯 별 생각 없이 한 말에 아이들은 "그게 뭐가 잘한 건데요?" 하며 오히려 칭찬한 사람을 무안하게 만들기도 한다. 그리고 칭찬에 숨겨져 있는 의도, '니가 칭찬 받으려면 더 잘해야겠지?' '앞으로도 더 잘해라.'라는 의미 때문에 부담감을 줄 수도 있다.

부적 강화는 자극을 빼는 것이다

부적 강화는 불쾌한(혐오) 자극을 제거함으로써 후속반응의 증가를 이끄는 것으로 도피행동과 회피행동이 이에 속한다.

심각한 **사회공포증**을 가지고 있는 여성이 있다고 하자. 그녀는 낯선 사람들이나 사람들이 많은 곳에 가면 여지없이 얼굴이 붉어지는 '적면 공포증'이 있다. 그래서 그녀는 거의 집 밖을 나가지 않는다. 어두컴컴한 밤에 주로 활동하거나 꼭 외출을 해야 할 상황이 생기면 헬멧을 쓰고 나가고 이 또한 그녀 활동에 큰 도움이 되지는 않는다. 공포와 불안이 밀려오면 바로 도망쳐 나오기 때문이다. 이렇게 불안, 공포를 느낄 때 미쳐 버리거나 죽을 것만 같거나, 바보처럼 행동할까 봐, 웃음거리가 될까 봐 그녀는 문제가 되는 상황을 회피(아예 그런 상황에 직면하지 않거나)하거나 어쩔 수 없이 그런 상황에 처하면 필사적으로 그 상황에서 도피(거짓말을 해서라도 불편감을 주는 자리를 벗어나는 행위)를 한다. 이런 그녀의 행위는 일시적으로 그녀가 가지고 있는 불안을 감소시키는 데 일조한다. 그래서 그녀의 이상한 행동(헬멧 쓰고 다니기, 할머니 분장하기 등)은 계속 강화를 받고 증상은 호전되지 않는 것이다.

〈표 2-2〉 정적 강화의 예

반응	결과(자극 제시)	성과
아이가 가게에서 과자를 사 달라고 떼를 쓴다.	엄마는 과자를 사 준다.	다음에도 아이는 가게에서 과자를 먹기 위해 떼를 쓸 것이다.
수업 중에 이상한 소리를 낸다.	아이들이 웃고 교사가 주의를 준다.	관심을 끌기 위해 수업 중 이상한 소리를 낼 것이다.
정문보다 빨리 갈 수 있는 비상문을 발견했다.	비상문이 열렸다.	비상문 이용 횟수가 증가할 것이다.

〈표 2-3〉 부적 강화의 예

반응	결과(혐오자극 제거)	성과
가게에서 떼쓰는 아이에게 엄마는 사탕을 사 준다.	아이는 짜증을 멈춘다.	다음에도 엄마는 아이가 떼를 쓰면 사탕을 사 주어 떼를 쓰지 않도록(회피)/떼를 빨리 멈추도록(도피) 할 것이다.
학교에 일찍 등교하였다.	화장실 청소를 면하였다.	다음에도 일찍 학교에 등교하여 화장실 청소를 하지 않을 것이다(회피).

공부하기 싫어 머리로 책상을 쿵쿵 받는다.	선생님이 밖으로 내보낸다.	공부하기 싫을 때 머리를 박음(도피)/공부 시작종이 울리면 머리로 책상을 박음(회피).

사회공포증은 다양한 사회적 상황에서 자신이 실수를 하거나 부적절한 행동을 함으로써 창피를 당하거나 바보스럽게 보이지 않을까 두려워하는 것이다. 그 불안의 정도가 부적절할 정도로 심해서 사회적으로 적응하기 어렵고 스스로도 심리적인 불편감이 상당히 크다.

불안의 기저가 모두 같은 것은 아니지만, 나름의 적응적 가치를 지니고 있는데, 불안은 앞으로 일어날지도 모르는 위험이나 사고를 대비하라는 위험 신호일 수 있다. 사회불안은 인간이 사회생활을 영위하는 데 있어서 적대감과 같은 드러내서는 안 되는 감정을 숨기고 겉으로는 사회에 순응적이고 수용될 수 있는 감정만을 드러내기 위해 과적응된 형태일 수도 있다. 또한 사회불안을 일으킬 수 있는 상황을 '재앙'으로 인식하고 이를 '회피'함으로써 스스로를 안전하게 보호하려는 행위가 강화됨으로써 부적절하게 사회불안 증세가 악화될 수 있다.

사회공포증이 있는 사람들은 자신이 이런 증상이 있는 것 자체를 수치스럽게 생각하는 경향이 있다. 그 이면에는 '다른 사람들로부터 거부당하고 비난받는 것에 대한 두려움'과 '완벽하지 않으면 무가치하다'는 식의 비합리적이고 역기능적인 사고가 자리하고 있는 경향이 있다. 완벽해지려고 하면 할수록, 자신의 부족한 부분을 감추려고 하면 할수록 병은 깊어진다. 완벽해지려고 할 필요도 없고, 자신이 부끄러워하는 그 생각들이 얼마나 합리적인지를 의심해 볼 필요가 있다(박소진, 2014).

◆ 강화의 종류

• 정적 강화(positive reinforcement): 자극 제시로 행동 증가
• 부적 강화(negative reinforcement): 혐오자극의 종결이나 회피로 행동 증가
  - 도피행동(escape behavior): 도피행동으로 이미 존재하고 있는 혐오자극의 종결
  - 회피행동(avoidance behavior): 혐오자극이 예상될 때 회피행동으로 혐오자극의 출현을 방지

◆ 도피행동과 회피행동의 예

• 도피: 어떤 사람이 뜨거운 아스팔트 위를 맨발로 걷다가 재빨리 잔디 위로 올라와 걷는다. 잔디 위를 걷는 것은 뜨거운 아스팔트의 열기에서 도피하는 것이다.
• 회피: 다음에는 신발을 신고 뜨거운 아스팔트 위를 걷는다. 신발을 신은 것은 뜨거운 아스팔트 열기에서 회피하는 것이다.

앞의 예처럼 도피는 현재 처해 있는 상황으로부터 도망치는 것이고, 회피는 문제가 발생할 것이라고 예상되는 상황을 피하는 것이다.

강화물 사용과 강화 계획

강화물 사용 시 주의해야 할 점

① 분명하면서도 긍정적으로 제시할 것

'강화'를 사용함에 있어서 말을 너무 장황하게 설명하는 것은 자칫 초점을 흐릴 수 있고 요점이 무엇인지 전달하는 데 문제가 있을 수 있다. 따라서 분명한 언어로 명료하게 제시하는 것이 좋다. 또한 부정적인 단어나 금지하는 말보다는 긍정적인 언어나 중립적인 언어로 표현하는 것이 보다 효과적이다. 예를 들면, '다른 사람에게 방해가 되니 교실에서는 떠들지 말 것'보다는 '수업시간에 선생님이 이야기할 때 선생님을 쳐다볼 것' 또는 '다른 사람의 이야기를 경청할 것'이라고 이야기하고 나서 강화(보상)를 제시하는 것이 좋다.

특히, "안 돼." "하지 마."와 같이 지시적인 표현은 상대에게 부정적인 감정을 불러일으킨다. 기왕이면, "~해 주면 좋겠는데." "이것보다는 이것이 더 좋은데." "~해 주니 기분이 좋은데." 등의 표현으로 바꾸면 상대방이 지시를 받는다기보다는 요청을 받는다고 느끼기 때문에 보다 적극적으로 호응해 줄 가능성이 높아진다.

② 즉각적으로 강화물을 제시할 것

옛말에 "두고 보자는 사람치고 무서운 사람 없다."라는 말이 있다. 이 말처럼 누군가가 어떤 행동을 했을 때, 그 당시에는 아무 반응을 보이지 않다가 한참 지나서 칭찬을 하거나 화를 낸다면 상대는 무척이나 당황스러워할 것이다. 특히, 어떤 부모는 집 밖에서 말을 듣지 않는 아이에게 "너 집에 가서 보자. 혼날 줄 알아!"라고 으름장을 놓지만 아이들에게 이 말은 별로 효과적이지 않다. 시간이 지나서 혼난다고 한들 어린아이들은 기억도 잘 못하는 경우가 많고 왜 혼나는지도 모르고 혼나기 때문에 부정적인 감정만 쌓일 뿐이다.

따라서 강화물은 가능하면 즉시 제공하는 것이 효과적이다. 연령이 어리거나 지적 능력이 떨어지는 경우라면 더욱더 즉시 제공해야 한다. 한참 지나고 나서 강화를 하면 무엇 때문에 강화가 주어지는 것인지 정확히 인지하지 못하기 때문이다.

③ 부적 강화를 사용할 때, 좋아하는 활동과 같이 제시할 것

프리맥의 원리(Premack principle)라는 것이 있는데, 이는 일어날 확률이 낮은 행동(예: 공부)을 증가시키기 위해 확률이 낮은 행동의 결과로 일어날 확률이 높은 행동(예: 친구랑 맥도널드 가기)을 보상으로 제시하는 것과 일맥상통한다.

예를 들어, 필자의 경우 아동이 좋아하는 게임을 병행하면서 부적 강화를 제시하는데, 부적 강화로는 사칙연산이 잘 안 되는 아이에게는 이를 숙제로 내 주다가 바람직한 행동을 할 경우 과제는 빼주면서 아이가 좋아하는 게임[7]을 보상으로 주면 훨씬 더 바람직한 행동이 증가하는 것을 볼 수 있다. 운동을 싫어하는 아이에게는 운

---

7) 할리갈라나 인생게임 같은 보드 게임 등 - 보드게임은 두 명 이상의 사람들끼리 모여서 진행하는 게임으로 보드(판, board) 위에서 일정한 규칙에 따라 주사위, 말, 카드 등의 도구를 사용하여 진행되는 게임

동장을 돌지 않는 대신 아이가 좋아하는 활동, 책 읽기 등을 하도록 해 주는 것이다. 이때 중요한 것은 우선 혐오하는 것이 무엇인지, 선호하는 것이 무엇인지를 먼저 조사하는 것이다.

강화 계획 세우기

매번 주는 것보다 가끔씩 주는 보상이 더 효과적이다?

늘 잘하던 사람이 아홉 번 잘하다가 한 번 잘 못하면 서운하고, 아홉 번 잘 못하던 사람이 한 번 잘하면 너무 고맙게 느껴지는 경우를 경험한 적이 있을 것이다. 그 이유가 뭘까? 이에 대한 이유를 연속적 강화와 간헐적 강화로 설명할 수 있다.

강화에는 연속적 강화와 간헐적 강화가 있다. 이를 강화 계획 (reinforcement schedule)이라고 한다. 연속적 강화는 말 그대로 어떤 행위가 있을 때마다 강화가 주어지는 것이다. 아버지의 구두를 닦을 때마다 100원씩 용돈을 받기로 했다면, 그리고 그때마다 용돈을 받는다면 구두를 닦는 행위가 증가할 것이다. 그러나 어느 날부터 구두를 닦아도 용돈을 주지 않는다면, 구두를 닦는 행위는 점점 줄어들다가 결국은 소멸할 것이다. 이것을 '소거'라고 한다. 그리고 간헐적 강화는 어떤 행위에 대해 비율이나 간격 등에 따라 보상이 주어지는 것이다. 다섯 번 구두를 닦으면 용돈을 준다든지, 한 달에 한 번 구두를 닦으면 준다든지 하는 것이다. 쉽게 생각하면 매번 강화가 주어지는 것이 효과가 있다고 생각할 수 있다. 그러나 실제 상황에서는 그렇지 않다. 매번 강화를 준다는 것도 힘들거니와, 앞에 설명한 대로 강화를 주다가 안 주면, 그 행동은 곧 사라지기 때문이다.

'도박'은 간헐적 강화의 대표적인 예다

한 번 도박에 맛을 들이고 나면 한 번에 거액의 판돈을 딸 수 있다는 유혹을 떨쳐버리기 어렵다.[8]

도박은 '연속적 강화'가 아닌 '간헐적 강화(부분강화)'에 속한다. 여기서 '강화'는 '보상'의 의미이며 간헐적 강화는 어떤 행위를 증가시키기 위한 보상을 매번 주는 것이 아닌 간격이나 비율에 의해 주는 것이다. 단순하게 생각하면 보상을 매번 주는 것이 효과적일 것이라고 생각하지만, 실은 매번 보상을 준다는 것이 쉽지도 않고 어떤 행위에 대해 매번 보상을 주면 보상을 주지 않을 경우 그 행위는 급속히 감소된다(예를 들어, 설거지 한 번 할 때마다 돈을 받았다가 어느 순간부터 돈을 받지 않는다면 설거지를 하지 않을 가능성이 높다). 그래서 연속적 강화는 어떤 행위를 증가시키기 위해 초기에 사용하다가 이후에는 간헐적 강화를 사용하기도 한다. 간헐적 강화의 대표적인 예는 '월급'이다. 한 달에 한 번 우리는 월급을 받고 월급을 받기 직전에 긍정적인 행동, 즉 일을 열심히 하는 행동이 증가하다가 월급을 받고 나서 이런 행동이 감소하는 경향이 있다. 그러나 이렇게 정확한 간격이나 비율이 없이 언제 어떤 보상이 올지 모르지만, 한 번 주어진 그 보상이 엄청나다면, 그 보상은 단 한 번만으로도 엄청난 효과를 가져올 수 있다. 도박은 이런 강화의 원리와 일맥

---

8) 병적 도박은 단순히 충동조절의 문제가 아니라, '중독'의 의미가 있기 때문에 DSM-5에서는 병적 도박을 물질관련 중독장애와 함께 중독의 문제로 보고 분류하고 있으며, 비물질 관련 장애('gambling disorder')로 포함시키고 있다.

상통한다(박소진, 2015).

연속적으로 보상 주기

연속적 강화는 처음 배우는 행동을 습득하도록 할 때 주로 사용하는 데, 적절한 반응이나 목표했던 행동이 나타날 때마다 강화를 해 주는 것이다. 예를 들면, 선생님이 이름을 불렀을 때 "네." 하고 대답하면 그때마다 아이가 좋아하는 것을 주거나 칭찬을 해 주는 식으로 강화를 해 준다. 이렇게 되면, 아이는 선생님이 자신의 이름을 부를 때마다 "네."라고 대답을 할 것이고 나중에는 거의 반사적으로 반응을 보이게 될 것이다.

그러나 연속적 강화 계획(continuous reinforcement schedule: CRF)을 실시하는 데 문제점이 있다. 앞에서도 설명했듯이 제한된 장소나 시간에서 치료 목적으로 강화를 해 주는 것은 어렵지 않을 수 있지만, 이런 상황이 아닌 여러 상황에서 연속적으로 강화를 해 주는데는 한계가 있다.

그리고 음식이나 음료를 사용할 때, 그 강화인자에 너무 자주 노출되다 보면 포만이 오면서 동기가 감소한다. 아무리 좋은 이성도 매일 보면 지겨워지는 것처럼 적당히 감질나도록 해야 그 강화인자에 끌리게 된다. 그런데 연속적 강화를 주다 보면 이런 문제가 발생할 수 있으며, 목표행동(자신의 이름에 대답하기)을 할 때마다 강화를 기대하게 함으로써 강화가 주어지지 않을 때 저항이나 반감을 갖게 될 수 있다.

정신지체 1급 아동의 상담을 한 적이 있었는데, 평소 문제행동이 너무 심하여 '행동수정'이 반드시 필요하였다. 이 아동의 경우 먹는 것에 심하게 집착하였고 상담실에 들어오면 귀신같이 강화물(과자나 음료)을 찾아내어 그것을 순식간에 먹어치우거나 자신의 마음대로 상담실을 나가 버리는 등의 행동으로 통제가 불가능해 보였다. 그래서 행동을 교정하기 위해 목표를 세우고 바람직한 행동을 할 때마다 토큰을 주고 토큰을 다시 치료사에게 가지고 오면, 자신이 좋아하는 과자를 주는 행동을 반복하여 연습시켰다. 처음에는 과자만 보면 참지 못하던 아이가, 토큰을 주고 이를 과자로 바꿀 수 있다는 것을 '인식'하기 시작했다. 이런 행동이 반복되면서 아이의 문제행동은 감소하였다. 그런데 어느 날 내가 깜박하고 아이에게 보상을 주지 않았다. 그러자 갑자기 아이가 난동을 부리며, 소리를 지르기 시작했다. 나는 내가 보상을 주지 않았다는 것은 잊고 아이의 반응에 당황하고 있었다. 거의 30분 정도를 울고 난리를 치더니, 아이는 조용히 내 손을 잡아 과자가 들어 있는 통에 갖다 대는 것이다. 즉, 과자를 달라는 이야기를 몸짓을 통해 나에게 전달한 것이다. 이렇게 강화를 주다가 어느 순간 강화를 하지 않게 되면 실망을 하거나 심지어 화를 내는 경우도 있다.

어떤 토크쇼에서 한 패널이 아주 의미심장한 이야기를 하는 것을 들었다. "여자들은 남자들이 돈을 벌어서 매달 월급을 갖다 주면 그것이 자신의 돈인 줄 착각하는 것 같다. 그래서 돈을 직접 주지 말고 매번 남자가 돈을 여자에게 쓰는 것을 보여 줌으로써 내가 당신에게 돈을 쓰고 있다는 것을 인식시켜 줄 필요가 있다."라고 말한 것이다. 부분적으로는 맞는 얘기이기도 하다. 늘 같은 날 남편의 월급이 통장에 들어오면, 그것은 당연한 것이지 고마운 것이 아니고 심지어는 부족하다고 느끼고 짜증이 날 수도 있다. 그러나 상대가 매번 돈을 쓰면, 그것이 내 것이 아닌 상대가 나에게 무언가를 해 준다는 보상의 의미로 받아들여질 수도 있을 것이다.

가끔씩 보상 주기

그렇다면 바람직한 행동이나 원하는 행동을 증가시키기 위해서 보다 효과적인 강화 방법에는 어떤 것이 있을까? 앞의 예처럼 행동 뒤에 지속적으로 보상을 주기가 힘들고 보상이 없어지면 그 행동이 감소한다면, 간헐적으로, 즉 가끔씩 보상을 주는 것이 보다 효과적일 것이다. 간헐적 강화 계획(intermittent schedule)에는 다음의 네 가지가 있다.

커피 전문점에서 커피 열 잔 마시면 한 잔은 공짜로 준다면, 고정 비율 강화 계획이다

고정비율(fixed ratio: FR)은 일정 수의 반응 후 강화를 해 주는 것이다. 물건 조립을 할 경우 10개 조립 시 1,000원을 준다든지, 커피 전문점에 가서 커피를 마실 때마다 스탬프를 하나씩 받아 10개가 모이면, 커피 한 잔을 공짜로 주는 것이 대표적인 예가 될 수 있다. 나는 개인적으로 이런 스티커나 포인트 등을 좋아하지 않는데, 특히 40개(스티커 40개를 모으려면 자장면이 5,000원이라고 할 때, 20만 원 이상을 주문해야 겨우 만 원짜리 서비스 하나 준다는 것이다!)에서 60개를 모아야만 겨우 탕수육 하나 주는 중국집의 만행에는 이의를 제기하는 바이다. 10개 모이면 자장면이나 짬뽕, 20개 모이면 탕수육 小, 30개 모이면 탕수육 大나 다른 요리들을 준다면, 더 많이 열심히 중국 음식을 배달시켜 먹을 것이다. 정말이다!

도박중독자가 도박을 못 끊는 이유는 한 방 때문이다

변동비율(variable ratio: VR)은 다양한 수(필요 반응 수의 평균)의 반응 후 강화를 해 주는 것이다.

예를 들면, 평균 5회 반응 후 강화를 해 주는 것이다(어떤 경우는 10회에, 어떤 경우는 1회에, 어떤 경우는 4회에 강화를 해 준다면 평균 5회에 강화를 해 주는 셈이 된다). 이럴 경우 예측이 불가능하기 때문에, 즉 언제 강화가 주어질지 모른다는 생각 때문에 다음 반응이 강화될 수 있다는 가능성으로 인해 강화의 기회를 잃지 않기 위해 반응이 중단되지 않고 꾸준한 반응비율을 보이게 된다. 소거가 가장 일어나지 않는 경우에 해당된다.

매달 꼬박꼬박 들어오는 월급은 고정간격에 해당한다

고정간격(fixed interval: FI)은 정해진 간격 이후에 강화를 해 주는 것이다. 버스가 20분이나 30분 간격으로 배차되어 있어 그 시간에 맞게 출발한다면, 버스가 출발하기 직전에 승객들이 버스를 타려는 행동이 증가하다가 버스가 출발한 직후에는 이런 행동이 감소한다. 즉, 고정간격 강화 후에는 반응 중단이 길게 나타난다. 이미 버스는 떠났고 20~30분 사이의 시간이 남았는데, 그 시간 동안 뭐하러 버스를 타려고 하겠는가? 그런데 종점이 아닌 서울 시내 한복판이라면 문제가 달라진다.

갑작스러운 감독관의 방문은 변동 간격에 해당한다

변동간격(variable interval: VI)은 다양한 시간 간격 후의 첫 반응에 강화를 주는 것이다. 앞서 설명한 고정간격에서 들었던 버스의 배차 간격이 종점이 아닌 서울 시내 한복판에서는 잘 지켜지지 않는다. 서울 시내의 복잡한 교통사정으로 배차 시간은 종잡을 수 없게 된다. 어떤 때는 10분 이내가 될 수 있고 어떤 때는 30분을 훌쩍 넘길 수도 있다. 따라서 이렇게 예측이 불가능할 경우 승객들은 여유를 부릴 수 없다. 언제 버스가 올지를 집중해서 기다리고 버스가 오면 빠르게 타야 한다. 따라서 변동간격일 때는 일정하고 안정된 반응률을 보이게 되는 것이다. 이처럼 꾸준한 반응률을 보이게 하기 위해서는 예상되는 것보다는 예측이 가능하지 않은 경우에 반응률이 높아진다. 아이러니하게도 당하는 사람 입장에서는 이렇게 예측 불허한 경우에 긴장도가 높아지고 스트레스를 경험하게 되지만, 반응률은 상대적으로 상승하기 때문에 보상을 주는 입장이라면 이런 원리를 십분 활용하는 것이 필요하다.

이처럼 간헐강화는 연속강화보다 여러 면에서 효과적인데, 일단 소거저항을 높여 준다. 소거저항은 강화가 중단되어도 반응이 계속 나타나는 것이다. 강화가 일정치 않기 때문에, 소거도 바로 나타나지 않는 것이다.

사례 6.

비만으로 식이 조절을 하고 있는 아이가 있는데, 평소 좋아하는 아이스크림을 먹기 위해 여러 번 부모를 조르면, 부모가 아이의 요구를 들어준다. 이럴 경우 아이는 부모가 일단 거절을 하더라도 평소 쉽게 요청을 들어준 것이 아니었기 때문에 더욱 조르는 행동을 하게 되고 부모는 아이의 조르는 행동이 강해지면 어쩔 수 없이 요구를 들어주는 식으로 강화를 해 줌으로써 소거 저항도 강하게 형성이 된다는 것이다. 아이에게는 '엄마나 아빠는 계속 조르면 언젠가는 요구를 들어줄 것'이라는 믿음을 심어 주는 결과가 되는 것이다. 이런 경우를 종종 보는데, 부모는 아이의 문제행동을 교정하기 위해 아이의 요구를 무시하거나 거절한다. 그러면 아이는 더 강하게 떼를 쓴다. 그래도 부모는 아이의 요구를 들어주지 않는다. 그러면 사람들이 많은 장소에서 아이는 울면서 드러눕거나 바닥을 뒹굴거나 해서 부모를 당황스럽게 만든다. 대개 부모들은 이 시점에서 굴복한다. 조금 전까지의 굳은 결심은 무너지고 아이의 요구를 들어줌으로써 결과적으로 아이는 승자가 되고 부모는 패자가 되어 명암이 갈리는 것이다. 그리고 부모들은 속으로 이렇게 되뇌이고 있을 것이다. '아… 저놈이 도대체 누굴 닮아서 저렇게 고집이 센지… 도저히 못 당하겠어….'

그러나 잘 생각해 보면, 아이가 고집이 센 것이 아니라 부모가 그렇게 만든 것이다. '안 되는 것은 끝까지 안 되는 것'이라는 것을 아이가 인식할 필요가 있다. 그리고 서로 간의 약속은 지켜져야 한다(그 약속은 벌에 대해서도 마찬가지이다.). "오늘 과자 한 봉지만 사는 거다!"라고 했으면 과자 한 봉지만 사 가지고 오게 해야지, 아이가 떼를 쓴다고 결국 아이가 원하는 것을 들어준다면 아이에게 우리 엄마 아빠는 결국 내가 원하는 대로 해 준다는 확신만 심어 준 셈이 되고, 이런 행동은 간헐적으로 보다 강하게 강화되어 더 오래 유지되는 것이다.

또 다른 예로는 다이어트를 하겠다고 강냉이로 일주일을 버티던 친구가 결국 모든 걸 포기하고 음식을 미친 듯이 먹어치웠고, 이런 행동이 반복되면서 결국 비만은 더욱 심해졌다는 이야기가 기억난다. 또한 등산을 마치고 나서 갈증을 해소하기 위해 마신 맥주 한 모금이 얼마나 꿀맛 같은지……. 이렇게 즉시적이지 않고 오랜 시간 참고 견디고 얻은 결과는 더욱 그 진가가 극대화되기에 이를 제거하기가 쉽지 않다.

또한 간헐적 강화는 포만을 예방할 수 있다. 매번 강화가 주어지면 그 강화인자에 물리게 된다. 매번 칭찬을 받는다면, 그 칭찬에도 익숙해진다. 별로 감흥이 없어지는 것이다. 그러나 칭찬을 받아보지 못한 사람이 칭찬을 받게 되면 그 사람은 그 칭찬에 대해 크게 반응한다.

그러나 학습 초기에는 간헐적 강화보다는 연속적 강화가 훨씬 더 효과적임을 알아야 한다. 아직 익숙하지 않은 행동을 학습시키기 위해서는 반복이 중요하기 때문에 초기에는 연속적으로 강화를 해 줌으로써 그 행동이 익숙해지도록 할 필요가 있다.

소거와 벌

보상을 주지 않으면 그 행동은 사라진다

"눈에서 멀어지면 마음에서도 멀어진다."라는 말이 있다. 눈으로 자주 접하는 것을 일종의 보상이라고 친다면, 보상이 사라지면서 보고 싶은 마음도 사라진다는 것은 어쩌면 당연한 이야기이다. 이렇게 보상, 즉 강화가 사라지면 그로 인해 발생했던 행동이 사라지는데, 이를 소거(extinction)라고 한다. 소거는 부적절 행동을 유지시키는 정적 강화나 부적 강화 차단으로 행동이 감소되는 것을 말한다. 즉, 늘 해 오던 것을 안 해 주거나(정적 강화 차단) 싫어하는 것을 하도록 한다면(부적 강화 차단) 어떤 행동은 줄어들게 된다.

정적 강화 차단의 예로는 사탕을 사 달라고 떼쓰는 아이에게 사탕을 사 주어 떼쓰는 행동이 정적 강화된 경우, 떼를 써도 사탕을 사 주지 않고 행동을 무시함으로써 떼쓰는 행동을 감소시킬 수 있다. 또 수업시간에 이상한 소리를 내는 경우, 소리를 낼 때에는 반응을 보이지 않다가 수업에 참여하는 행동을 할 때 칭찬을 함으로써 부적절한 행동을 소거할 수 있다.

부적 강화 차단의 예로는 공부하기 싫어 머리 박는 아이의 경우, 교실 밖으로 내보내지 않고 책상에 스펀지를 깔아 소리 나지 않도록 하여 행동을 소거할 수 있다.

벌은 행동을 감소시키고 부적 강화는 행동을 증가시킨다

벌(punishment)은 특정 행동 뒤에 즉시 어떤 결과가 따르는 것으로 미래에 그 행동이 일어날 가능성은 감소한다. 벌인자(혹은 혐오 자극)는 미래에 일어날 수 있는 특정 행동을 감소시킨다. 쉽게 말해서 떼쓰는 아이에게 벌을 주면 떼를 쓰는 행위가 줄어든다는 말이다.

흔히 벌과 부적 강화를 혼동하는 경우가 있다. 그러나 부적이라는 것은 전술한 바와 같이 '뺀다'라는 의미이다. 그러니까 무언가를 빼 줌으로써 행동의 빈도를 증가시키는 것이다. 그러나 벌은 행동의 감소를 목표로 하기 때문에 부적 강화와 상반된 결과를 가져온다.

정적 벌과 부적 벌이란?

전술한 바와 같이 정적이라는 말은 '더하기'의 개념이고 부적이라는 말은 '빼기'의 개념이라면 벌에도 동일하게 적용된다. 즉, 정적 벌(positive punishment)의 행동 발생은 혐오자극이 수반됨으로써 그 결과 미래에 그 행동이 일어날 가능성이 감소한다. 부적 벌(negative punishment)의 행동 발생은 강화자극을 제거함으로써 일어나고 그 결과 미래에 그 행동이 일어날 가능성이 감소한다.

부적 벌의 예로서 정적 강화로부터의 타임아웃과 반응대가가 있다. 타임아웃은 아이가 좋아하는 게임을 하고 있는데 잠시 동안 그 활동을 중단하고 못 하게 한다든지 함으로써 벌을 주는 것이고 반응대가는 주었던 토큰을 다시 회수함으로써 잘못된 행동을 감소시키는 것을 목표로 한다.

- 정적 벌의 예
  ① 아이가 가게에서 사탕을 먹고 싶어 짜증을 낸다.
  ② 엄마는 아이에게 야단을 친다.
  ③ 아이는 가게에서 짜증을 덜 낼 것이다.

- 부적 벌의 예
  ① 아이가 가게에서 사탕을 먹고 싶어 짜증을 낸다.
  ② 엄마는 아이를 가게에서 데리고 나간다.
  ③ 아이는 가게에서 짜증을 덜 낼 것이다.

그러나 벌 사용에는 다음과 같은 문제점이 있다.

① 공격성과 같은 부정적인 정서반응을 일으킬 수 있다

벌은 기본적으로 불유쾌한 감정을 불러일으킨다. 벌을 받고 있다는 그 자체가 불쾌한 경험이며 이런 경험이 자주 반복되면 공격적이 될 수도 있기 때문에 벌 사용은 주의가 필요하다. 벌을 주더라도 벌을 주는 이유가 명백해야 하고 벌을 주는 사람이 감정적인 동요가 없어야 한다. 그러나 대부분은 그렇게 하기 어렵다. 벌을 주는 사람이 흥분 상태인 경우가 많아서 벌을 받는 사람은 자신이 잘못했다고 느끼기보다는 벌을 주는 상대방이 자신을 미워하기 때문이라고 합리화하기 쉽다. 따라서 벌을 사용할 때는 벌을 왜 주는지를 잘 설명할 필요가 있으며 감정을 배제하면서 단호하고 엄격하게 사용해야 한다. 그러면서 네 행동이 잘못된 것이지 니가 미워서가 아니라는 점을 분명히 할 필요가 있다.

② 벌을 사용하는 사람에게 부적으로 강화될 수도 있어 벌이 오용이나 남용될 수 있다

벌이 사용될 때 문제행동은 즉시 감소(혐오자극 제거)하기 때문에 벌을 사용하는 사람은 미래에도 벌을 사용할 가능성이 더 높아진다. 벌을 자주 사용하는 사람은 벌을 사용하지 않으면 상대방이 말을 듣지 않기 때문이라고 주장하는 경우가 많다. 사실 벌은 즉각적인 효과를 보여 주기 때문에 다른 노력 없이 자신이 원하는 결과를 얻을 수 있어 더 남용될 가능성이 높다는 문제가 있다. 그러나 실제로 벌을 사용한다고 해서 근본적으로 그 행동이 감소한다고 보기는 어렵다. 예를 들어, 다리를 떠는 행동을 하는 아이에게 벌을 주어 다리 떠는 행동이 감소했다고 해도 보다 바람직한 대안이 없다

면 다른 행동으로 전이되는 경우가 흔하기 때문이다. 결국 다리를 안 떠는 대신 손을 떨거나 손톱을 물어뜯는 행위 따위로 전환될 수 있다.

③ 벌은 모방될 수 있다

벌을 받고 있는 행동을 관찰한 사람들은 미래에 그들 스스로 벌을 더 많이 사용할 가능성이 있다. 최근 우리나라 군대에서 여러 가지 사건 사고가 발생해 아까운 생명들이 목숨을 잃었다. 주목할 만한 사실은 그중 다수가 군대 내 왕따, 구타 등의 사건이 주를 이루었고 이런 행위를 한 가해자들도 군대 내에서 이런 행위들을 지속적으로 당해 온 경우가 많았다는 것이다. 우리나라에서 군대 문화는 사회 전방위적으로 확대되고 재생산되고 있어 더욱 문제가 심각하다. 잘못되었다는 것을 알면서도 이를 그대로 모방하고 다른 사람에게 해를 끼치는 방향으로 흘러갈 수 있기 때문에 벌 사용에 주의를 보다 기울여야 한다.

④ 윤리적 문제가 있다

벌은 많은 윤리적 쟁점이 있다. 벌 사용에 대해 정당할 수 없다는 주장이 있는가 하면, 행동이 유해하거나 심각할 경우 정당화될 수 있다는 수용의 문제가 논란이 될 수 있다. 필자는 필요한 체벌은 있어야 한다고 주장하는 사람이다. 잘못을 했는데 그에 대한 벌이 주어지지 않는다면 사람들은 자신의 잘못을 뉘우치지 않고 그러한 행동을 반복할 가능성이 높다. 물론, 벌이 문제 해결의 열쇠가 될 수는 없다. 특히, 폭력과 벌을 구분하지 못하는 사람들 때문에 벌의 사용에 대해 조심스럽게 말할 수밖에 없다. 그러나 요즘 아이들을 보면 적정한 수준의 벌은 반드시 필요하다고 생각한다. 가정과 학교에서 잘잘못을 가리지 않고 무조건 공부만 잘하면 된다는 식으로 교육을 하다 보니 아이들이 무서운 것이 없어졌다. 이는 재앙에 가깝다. 적어도 어른 무서운 줄 알아야 하고 잘못하면 그에 따른 대가를 치러야 한다는 것은 기본인데 말이다.

행동수정 기법의 실제

행동수정은 증상의 형성에 관계되어 있는 잘못된 습관이나 행동을 더 바람직한 행동으로 대치하려 노력하며 사용되는 방법들이다. 즉, 잘못된 습관이나 행동들은 잘못 학습된 것으로 다시 바람직한 행동으로 재학습시키면 된다.

행동수정 기법에는 '바람직한 행동을 증가시키는 기법'과 '바람직하지 못한 행동을 감소시키는 기법'으로 크게 나뉜다.

〈표 2-4〉 행동수정의 기법

바람직한 행동 증가시키는 기법	바람직하지 못한 행동 감소시키는 기법
• 행동형성 • 행동연쇄 • 촉구 • 용암 • 토큰 경제	• 차별강화 • 소거 • 강화자극 제거 • 혐오자극 제시

바람직한 행동 증가시키기

천리 길도 한 걸음부터

행동형성(shaping)은 현재 나타나지 않는 행동에 성공적으로 접근하는 것을 강화하는 절차를 말한다. 달성 범주를 점차 높여 가면서 차별강화를 쓰는 방법으로서 반응은 빈도, 지속시간, 반응시간 등 어느 형태로든 이용될 수 있다.

행동형성을 시작하기 위해서는 표적행동을 위한 이미 존재하는 행동을 확인하고 점진적 접근법으로 차별강화와 소거를 반복한다. 즉, 단계적으로 표적행동에 가까운 근사치 행동에 대해 강화하고, 습득된 근사치 행동은 소거를 하고 더욱 가까운 근사치 행동에 대해서만 차별강화를 하는 절차를 통해 최종 표적행동에 다다를 수 있게 한다. 예를 들어, 의자에 착석이 어려운 아이의 경우 시간을 10분 → 15분 → 25분 → 30분 → 40분으로 점차 늘려가는 것이 조형의 쉬운 예가 될 수 있다.

물론, 이렇게 설명하면 많은 사람이 "에이, 별거 아니네……."이라고 할지도 모른다. 실제로 행동수정 기법들이 우리가 알게 모르게 일상생활에서 사용하고 있는 것이 대부분이다. 문제는 몰라서 못 하는 것이 아니라, 확신이 없어서 못 하는 것이다. 그래서 일관성 없이 이랬다 저랬다 하다 보니 결과적으로 나아지는 것이 없다고 느끼는 것이다. 집에서 어린아이를 키우는 부모들은 이런 말을 많이 한다. "내가 이 아이의 버릇을 고치기 위해 이 방법 저 방법 다 해 봤지만 소용이 없었다……." 그 말은 이거 하다가 안 통하면 다른 방법을 쓰고 또 안 되면 다른 방법으로 계속 바꾸다 보니 결과적으로 힘만 들고 아이에게는 혼란만 주는 것이다. 행동수정의 기법은 관찰을 통해 목표를 정하고 그 목표에 맞게 설계를 하여 지속적으로 일관되게 자극을 줌으로써 결과를 도출해 낸다. 그리고 치료사는 이런 방법들이 효과가 있다는 이론적·경험적 확신이 있기 때문에 문제행동이 쉽게 사라지지 않거나 목표행동에 바로 근접하지 않더라도 인내심을 가지고 기다릴 수 있는 것이다.

사례 7.

필자가 치료했던 6세 남아가 있었다. 그 당시 이 아이는 뇌병변으로 진단받아 내원하였고 상태가 심각하였다. 일어서서 보행하는 것도 어려워 처음에는 휠체어에 의존하였고 휠체어에 내려 걸어서 치료실 안에 들어와 의자에 앉는 것조차 힘들어하였다. 눈동자는 초점이 없이 흔들리고 있었으며, 거의 낼 수 있는 음소가 없었다. 이 아이는 6개월 내내 치료실 안에서 울다가 갔다.

그런데 6개월쯤 지난 어느 날, 이 아이가 나를 보고 웃는 것이다. 나는 이전이나 그때나 다름없이 대했는데, 이 아이의 심경에 무슨 변화가 있었는지 짐작이 가지 않았다. 그리고 또 어느 날, 여느 때와 다름없이 아이가 엄마 손을 잡고 치료실 안으로 들어왔고 나는 늘 그랬듯이 아이가 신발을 벗기 편하도록 의자를 놓아 주었다. 그러면 아이가 그 의자에 앉아서 신발을 벗고 신발장에 신발을 넣었는데 그때 조금씩 도와주면서 기다렸다. 처음에는 거의 모든 것을 도와주다가 점점 도와주는 행동을 줄여 가면서 아이가 스스로 신발을 벗고 자리에 와서 앉을 때까지 기다렸다. 그날도 나는 아이가 신발을 벗는 동안 아동의 파일에 날짜를 적고 있었는데, '탁' 하고 신발장 문이 닫히는 소리가 경쾌하게 들리는 것이었다. 뒤를 돌아보니, 아이가 난생 처음 스스로 자신의 신발을 벗어 집어넣고 문을 닫은 것이었다. 나도 놀랐지만, 아이가 자신의 행동에 더 놀란 듯 보였다. 아이의 표정은 환희에 차 있었다. 다른 아이들에게는 별것 아닐 수 있지만, 걸음도 제대로 못 걷던 아이가 무언가 자신의 힘으로 해냈다는 성취감은 생각보다 강력했다. 한동안 놀란 표정으로 서 있었다. 그런 아이를 보면서 "정말 잘했어!"라고 칭찬을 해 주었고, 그 이후 우리의 관계는 아주 돈독해졌으며 아이는 눈에 띄게 좋아졌다.

행동은 순차적으로 함께 일어나는 많은 요소로 구성되어 있다

행동연쇄(chaining)는 순차적으로 함께 일어나는 많은 요소로 구성된 복잡한 행동들에서 복잡한 행동에 포함된 분리된 부분이나 단계를 파악하기 위하여 먼저 과제 분석을 해야 한다. 첫 단계에서는 단독으로 시범을 보이거나 가르치고 그것이 숙달되도록 강화되면 다음 단계로 넘어가 전체 순서를 숙달할 때까지 전진연쇄 혹은 후진연쇄로 가르칠 수 있다.

껌을 씹는 행동을 예로 든다면 다음과 같은 행동으로 나뉠 수 있다.

① 주머니 속에 손을 집어넣는다. ② 껌을 꺼낸다. ③ 여러 개의 껌 중 한 개를 꺼낸다. ④ 포장지를 벗긴다. ⑤ 입 속에 껌을 넣는다. ⑥ 씹는다.

〈표 2-5〉 행동연쇄-후진형/전진형

- 후진형 행동연쇄
  - 제한된 능력을 가진 학습자에게 사용하기에 용이하다.
  - 후진형 행동연쇄에서는 먼저 행동연쇄의 마지막 행동을 가르치기 위해 촉구와 용암법을 사용한다.

– 행동연쇄의 마지막 행동으로 시작하기 때문에 학습자는 매번 시도할 때마다 행동연쇄를 마무리하게 된다.

(예) 바지 입기: ① 바지 무릎까지 입혀 주기→무릎에서 허리까지 올리기 ② 바지에 양 발 밑 끼워 주기→허리 ③ 한 발→허리 ④ 처음부터 → 끝까지

• 전진형 행동연쇄

– 한 번에 하나의 요소를 가르친 후 그것을 함께 연결시키고 연쇄의 각 단계에서 식별자극과 연계된 행동을 가르치기 위해 촉구와 용암법을 사용한다는 점에서 후진형 행동연쇄와 비슷하다.

– 전진형 행동연쇄와 후진형 행동연쇄의 차이는 훈련 시작 위치이다.

– 전진형 행동연쇄는 먼저 첫 번째 요소를 가르치고 두 번째, 세 번째 순으로 나아간다.

(예) ① 바지에 한 발 끼우기→② 양 발 끼우기→③ 무릎까지 올리기→ ④ 허리까지 올리기

과제를 작은 부분으로 나누고 목록을 정한 뒤 순서대로 과제를 해결하라

과제분석(task analysis)/과제 분할(Breaking Tasks into Small Parts)은 행동연쇄를 자극-반응요소로 잘게 나누는 절차를 말한다. 과제분석을 하기 위해서는 수행해야 할 모든 행동을 규정하고 그것을 순서대로 써 내려가고 과제의 각 요소행동과 연관된 식별자극을 규명한다.

과제분석 방법은 과제를 하고 있는 사람을 관찰하고, 숙련가(그 과제를 잘 수행하는 사람)에게 요청하고, 스스로 과제를 수행하고, 각 구성요소 반응을 기록한다. 과제분석은 밥을 먹고 옷을 입는 등 비교적 단순한 일부터 보다 복잡한 과제까지 다양하게 적용할 수 있다.

예를 들면, 밥을 먹는 행동을 분석한다면, 그릇 안에 있는 밥에 숟가락을 넣기, 숟가락 위에 적당량의 밥을 얹기, 숟가락을 들어 올리기, 숟가락을 입안으로 집어넣기 등으로 분석할 수 있다. 간단한 행동이지만, 신체적으로 어려움이 있거나 지능이 낮은 경우 이러한 행동도 제대로 수행하기 어렵기 때문에 아주 단순한 일로 분석한 후 단계적으로 실시하도록 한다.

나는 얼마 전까지 내가 하고 있는 일과 관련한 사업계획서를 작성해야 한다는 생각 때문에 '멘붕' 상태에 있었다. 이런 사무 업무는 아무리 해도 익숙해지지 않는다. 그러나 다른 사람에게 맡길 수도 없다. 최소한 내가 해야 할 부분이 명확하고, 내가 아니면 누가 내 사업에 대해 나보다 더 잘 알 것인가? 일단 무엇을 어떻게 할 것인지, 계획을 짜기로 했다. 그 계획에 대한 세부 목록을 적어 보기로 한 것이다. 머릿속으로 아무리 생각해 봐야 정리가 안 될 때는 일단 종이에 끼적여 보는 것이 효과적이다. "에이, 그게 뭐 별거냐." 하겠지만, 낙서라도 써 보는 것과 머리로만 생각하는 것은 차원이 다르다. 종이에 적음으로써 생각을 간접적으로나마 표현하게 되고 구체적으로 구현된 어떤 것을 직접적으로 대면한다는 점에서 그냥 생각만 하면서 그 생각들이 머릿속을 헤집고 다니도록 두는 것과는 다르다. 그리고 종이에 적어 보면 그 많던 생각이 결국은 같은 것들이거나, 비슷한 종류라는 것을 깨닫게 된다. 비슷한 생각이 꼬리에 꼬리를 무는 것이다. '아! 하기 싫다.' '싫은 건 정말 하기 싫다.' '나는 왜 이렇게 무능할까.' '나는 바보다.' 등 종국에는 자책으로 이어지기 쉽다. 스스로를 바보 같다고 여기게 되는 악순환이 반복되는 것이다.

여기서 사업계획서가 무엇에 대한 내용인지가 중요하다. 그래서 사업 관련 관리부처 홈페이지에 접속해서 사업에 대한 공지사항을 꼼꼼히 읽어 보고 첨부양식을 다운받아 담당자에게 전화를 해 여러 궁금한 것을 질문했다. 그런데 사업계획서와 관련해서는 별도의 양식이 없다고 한다. 이 공무원도 잘 모르는 눈치다. 그렇다고 포기할 수는 없었다. 그래서 사업계획서 양식을 다른 사이트에서 다운받았다. 다시 '멘붕'에 **빠졌다**. '역시 이런 일은 나에게는 어울리지 않아.' 하고 실의에 **빠졌고** 모니터만 몇 시간째 바라보다 아무런 작업도 하지 못하고 사무실을 나왔다. 그러나 기간 내에 제출하려면 이 서류들과 다시 대면해야 한다!

나는 다시 심기일전했다. 일단 사업관리처 홈페이지에서 받은 서류들을 프린트해서 꼼꼼히 살폈다. 내용이 이해가 잘 가지 않는 부분은 담당자나 관련 전문가들에게 자문했다. 전문가는 구비서류들을 살펴보더니, 구비서류에서 요구하는 것이 무엇인지를 파악한 후 어떤 것을 중점으로 서류를 준비할 것인지를 설명해 주었다.

의외로 일은 복잡하지 않았다. '복잡하고 내가 할 수 없는 일'이라는 나의 기본적인 생각이 일을 시작하지도 못하도록 방해하고 있었으나, 과제를 순서대로 분석해서 적어 나가면서 이런 생각이 잘못되었음을 확인할 수 있었다.

아주 대략적으로 일의 순서에 대한 목록을 작성해 보았다.

1. 사업관리부처 홈페이지에 접속해서 공지사항 확인하기
2. 관련 서류 양식을 다운받고 필요한 서류 목록 등을 확인하기
3. 사업계획서와 수지예산서 등에 대해 구체적인 작성 요령 확인

4. 서류 작성하기(담당자나 전문가에게 도움 요청)

5. 전체적인 내용을 확인하고 서류 접수하기 전에 전문가의 조언을 다시 구하기

6. 접수하고 나서 담당자에게 최종 확인 받기(완료)

이렇게 눈에 보이게 작성하면, 내가 고민하고 있는 것이 너무 과한 것이라는 생각이 들 정도로 일목요연해진다. 물론, 그럼에도 불구하고 서류작업은 하기는 싫지만, 절대 할 수 없는 작업은 아니라는 결론에 도달한다. 사실 나는 서류 업무를 기피하기 위해 나는 '서류'와 친하지 않다고 스스로 변명해 왔다. 이렇게 머릿속을 헤집고 다니면서 복잡하게 엉켜 있는 생각들을 글로 적으면서 정리하면 생각했던 것보다 해결이 어렵지 않을 수 있다. 문제는 현실 가능하면서 구체적이고 명료하고 간단하게 과제를 분석하는 것이 중요하다.

예를 들어, 사업계획서를 쓰기 위해서 먼저 책상 정리를 해야만 한다면서 이런 일에 많은 시간을 허비하는 것은 일종의 '회피'이다. 과제를 아주 작은 부분으로 나누고 일의 순서를 정해서 할 수 있는 것부터 순서대로 해 나가다 보면, 어렵지 않게 일을 완수할 수 있다. 기왕이면 할 수 있는 기간을 과제별로 정해 놓는 것도 좋다. 앞의 예처럼 서류 양식을 다운받는 것은 어렵지 않기 때문에 '오늘 오후 5시까지 처리할 것' 등으로 정해 놓으면 보다 효율적일 것이다.

촉구는 행동이 일어나도록 도와주는 자극이고 용암은 촉구를 점차 제거해 가는 과정이다

촉구(prompt)에는 가장 가벼운 언어촉구로부터 점차 도움의 정도가 큰 자세촉구, 모델링촉구, 신체촉구 등이 있다. 신체촉구는 일어서라고 하면서 손을 잡아당기거나 하는 식인데, 직접적으로 신체 자극을 주는 것이며 가장 강력한 촉구이다. 원하는 반응을 일으키게 하는 다른 사람의 행동인 반응촉구와 자극을 변화시키거나 자극 증가를 통해 반응을 증가시키는 자극촉구가 있다. 용암(fading)은 이렇게 도움을 주던 행위를 점차 줄여 하는 것이다. 언제까지나 도움을 줄 수 없기 때문에 점차 도움을 줄여가면서 스스로 어떤 행위를 하도록 하는 것이다.

아이에게 신발을 신는 것을 가르친다고 할 때, 처음에는 신발을 신는 전 과정을 모두 보여 준다. 그러고 나서 아이가 신발을 신을 때 신발에 발을 집어넣게 한 후, 한 손가락을 집어넣어 뒤꿈치가 신발 안으로 들어가게 도와주고, 이것이 가능해지면 나중에는 신발 끈을 묶거나 찍찍이만 조이는 정도만 도와주는 식이다. 말로 하면 뭐 별로 어려울 것 없지만, 직접 해 보면 그렇지 않다. 어린아이들은 소근육이 어른처럼 발달되어 있지 않고 눈과 신체 협응도 잘 안되기 때문에 시간도 많이 걸린다. 왼쪽, 오른쪽 개념도 없어서 신발을 반대로 신거나 발뒤꿈치를 집어넣어야 하는데 잘 들어가지 않으면 신발 뒤쪽을 구긴 채로 어정쩡하게 신는 경우가 있어서 그런 걸 보는 부모의 심기를 불편하게 하고, 대부분의 엄마는 시간 내에 아이를 데리고 나가야 한다는 강박 때문에 말로만 지시할 뿐, 행동으로는 아이가 신발을 신을 때까지 기다리지 못하고 자신이 모든

것을 해 주고 마는 경우를 자주 본다. 그러나 답답하더라도 기다려
야 한다. 처음부터 잘하는 사람이 어디 있으며, 그런 시행착오 없이
무엇을 배울 수 있는가? 기다리면 언젠가는 스스로 하는 날이 오고
이런 단순한 행위가 스스로의 자존감을 높이는 것이라는 것을 잊
어서는 안 된다.

다양한 보상물 혹은 강화물로 나중에 교환될 수 있는
일반화된 강화물이다

토큰경제(token economy)의 목적은 구조화된 환경 내에서 매우
드물게 나타나는 내담자의 바람직한 행동을 강화하고 바람직하지
않은 행동을 감소시키는 데 있다. 토큰은 바람직한 행동을 하는 즉
시 주어지며 나중에 교환강화물과 교환할 수 있다. 앞서 예를 든 커
피 전문점에서 커피 한 잔을 주문하면 찍어 주는 스탬프는 토큰경
제의 원리를 활용한 것이라고 할 수 있다. 다양하게 사용될 수 있는
토큰의 예는 다음과 같다.

- 동전
- 도장, 스티커, 별
- 칠판에 표시하기
- 유리알, 구슬
- 인쇄된 카드나 쿠폰
- 카드에 잉크도장 찍기

〈표 2–6〉 주의산만 행동, 수업방해 행동수정을 위한 토큰 지급 계약서 예시

토큰 지급 계약서

1. 목적: 교실수업 중에(주의산만 행동, 수업방해 행동을 수정하기 위하여
   선생님과 학생 간의 다음과 같은 계약을 맺는다.

2. 기간: 20○○년 ○월 ○일~20○○년 ○월 ○○일(8일간) *
   휴일과 휴업일은 제외

3. 계약 내역
   가. 보상 방법
   1) 처치기간에서 전반 4일은 7회 이상 하지 않을 경우 포도알 3개를 지
      급하고 후반 4일은 4회 이상 하지 않을 경우 포도알 5개를 지급한다.
   2) 실험처치기간부터 사후까지를 3단계로 나누어 주의산만 행동이나 수
      업방해 행동을 예상기준보다 적게 했을 경우 방과 후에 연구자가 임
      의로 강화인(학용품, 아이스크림, 사탕, 피자 등)을 정하여 제공한다.
   3) 1~3단계 실험기간 중 기대 이상 좋아졌을 때 사용할 강화인 놀이는
      아이들이 원하는 활동(컴퓨터 게임, 공놀이 등)으로 당일 정한다.
   4) 모은 포도알은 단계 일정이 끝나는 9월 14일 이후에 교환한다.

4. 반응 대가
   표적행동이 기준 이하로 관찰되어 10개 이상 모아진 다음부터는 대상아
   동과 약속한 기준 이상이면 1회에 포도알 1개씩 회수한다.
   [처치 1단계] 포도알 20개 학용품이나 아이스크림
   [처치 2단계] 포도알 30개 치킨이나 피자
   [사후 3단계] 포도알 50개

20○○. . .

2학년 1반 담임 ○○○

학생 ○○○

〈표 2-7〉 좋아하는 행동조사

1) 아동이 교실에서 좋아하는 행동	관찰 시간	
	시작 시간	끝나는 시간
	시 분	시 분
	시 분	시 분
	시 분	시 분
	시 분	시 분
참고	차례, 숙제 검사, 청소 검사, 낙서하기, 컴퓨터 게임, 딱지치기, 카드 놀이, 공기놀이	

2) 아동이 밖에서 좋아하는 행동	관찰 시간	
	시작 시간	끝나는 시간
	시 분	시 분
	시 분	시 분
	시 분	시 분
	시 분	시 분
참고	축구, 농구, 고무줄, 소꿉놀이, 모래놀이	

좋아하는 놀이 및 행동

초등학교   학년   반 이름   (남, 여)

* 다음 장소에서 꼭 하고 싶은 놀이나 활동은 무엇입니까?

1. 수업시간 중에 꼭 해 보고 싶은 활동은 무엇입니까?

2. 휴식(쉬는 시간) 중에는 어떤 놀이를 하고 싶습니까?

3. 운동장에서는 어떤 놀이가 가장 하고 싶습니까?

4. 선생님께서 나에게 꼭 해 주셨으면 하고 바라는 것은 무엇입니까?

성의껏 응답해 주셔서 대단히 감사합니다.

출처: 안홍례(2012).

바람직하지 않은 행동을 감소시키는 행동수정 기법

바람직한 행동에만 차별적으로 보상 주기

당신이 교사라면 수업시간에 장난치고 떠드는 아이를 어떻게 하겠는가? 일대일 상황도 아니고 수십 명을 동시에가르쳐야 하는 교육현장에서 이런 아이가 한둘 꼭 있게 마련이고 그럴 때마다 교사들은 골머리를 앓을 수밖에 없다. 혼내도 보고 겁을 주기도 해 보지만 별로 효과가 없을 것이다. 교사라는 직업에 회의를 가질 수도 있다. 이럴 때 효과적인 방법이 '바람직한 행동에만 선별적으로 보상을 해 주는 것'이다. 앞의 아동처럼 장난치고 떠드는 행동에는 무관심하게 행동하다가 아이가 우연적이든 의도적이든 바람직한 행동을 할 때, 기다렸다는 듯이 "잘했어."라고 칭찬을 한번 해 주는 것이다. 생각보다 효과가 좋다. 수업시간에 떠드는 것은 아이가 산만하고 집중력이 떨어지기 때문일 수도 있고 관심을 받고 싶어서일수도 있다. 특히, 후자라면 더욱 효과가 좋을 것이다. 누구나 관심을 받고 싶어 한다. 어떻게 관심을 받아야 할지를 모를 뿐, 부정적인 관심도 관심이기 때문에 장난을 치고 말썽을 부려 관심을 이끈다면 소기의 목적을 이룬 것이다. 다시 말하면, 관심을 얻어 내는 방법이 잘못 학습된 것이다. 그러면 바로 잡아줘야 하지 않겠는가? 문제행동을 교정하는 데 중요한 것은 문제행동에만 초점을 맞추는 것(예: 떠들지 않기)이 아니라 바람직하고 긍정적인 행동을 가르치는 것(예: 선생님이나 친구들 이야기 경청하기, 대답 잘하기, 바른 자세로 앉기 등)이다. 문제행동을 제거하는 데만 초점을 맞추다 보면 그 행동은 사라져도 다른 문제행동이 다시 나타나기 때문이다.

〈표 2-8〉 차별강화의 종류

- **타행동 차별강화**(Differential Reinforcement of Other behavior: DRO): 일정한 시간 간격 동안 다른 행동이 발생하든 상관없이 표적행동을 보이지 않으면 강화를 제공하는 것을 말한다. DRO는 여러 명의 학생을 동시에 관찰하여 강화하는 데 적절한 방법이다.

- **상반행동 차별강화**(Differential Reinforcement of Incompatible behavior: DRI): 표적행동과 상반되며 동시에 발생할 수 없는 행동을 강화하는 방법이다. 예를 들어, 손을 흔드는 행동과 손을 무릎 위에 놓는 행동은 동시에 발생할 수 없으며 상반되는 행동이므로 교사는 아동이 손을 무릎 위에 놓는 행동을 할 때에 강화를 한다.

- **저빈도행동 차별강화**(Differential Reinforcement of Lower rates of behavior: DRL): 기초선(처치가 들어가기 전)의 비율과 비교할 때에 표적행동의 비율이 감소하면 강화하는 방법이다. DRL은 부적절 행동이 매우 높은 빈도로 일어날 때 그 행동의 발생 비율을 점진적으로 감소시키고자 할 때에 유용한 방법이다.

- **대안행동 차별강화**(Differential Reinforcement of Alternative behavior: DRA): 부적절한 표적행동이 적절한 형태로 기능적으로 대체할 수 있는 행동으로 나타날 때 강화하는 방법이다. 이러한 강화 방법은 구체적으로 학생의 적절한 행동 목록을 확장시키고 적절한 행동에 대한 강화를 강조함으로써 부적절 행동을 감소시키며 학생의 환경에 의미 있고 긍정적인 영향을 미칠 수 있다는 장점이 있다.

부적절한 행동에 대한 보상 제거하기

마트에만 가면 이것저것 사 달라고 조르는 아이가 있다. 부모는 안 된다고 하지만 아이는 막무가내로 조르기 시작한다. 그러더니 벌러덩 드러눕는다. 당황한 부모는 아이를 달래고 결국 아이가 사 달라는 장난감이나 과자를 재빨리 사 주고 아이를 마트에서 데리고 나온다. 이런 장면을 주변이나 TV에서 한번쯤 목격했을 것이다. 이 방법에 대해서 당신은 어떻게 생각하는가? 마트에 온 사람들에게 피해를 주지 않기 위해서 또는 아이 교육을 제대로 시키지 못했다는 비난을 들을지도 몰라서 이 방법을 선택할 수밖에 없었노라고 부모들은 항변할 수 있다. 물론, 충분히 이해는 간다. 많은 사람 앞에서 난리법석을 치는 아이를 그냥 두고 볼 수만은 없는 것이 부모 입장이다. 그러나 한마디로 말하면 이 방법은 잘못된 방법이다. 아이는 '떼쓰는 행동' 뒤에 자신이 원하는 보상을 얻었음으로 결과적으로 본의는 아니지만 부모는 아이의 '떼쓰는 행동'을 강화해 준 셈이 된다. 그러면 "어떻게 하면 되겠냐?"라고 질문을 할 것이다. 떼쓰는 행동을 하면 원하는 것을 해 주지 않으면 된다. 연령이 되는 아이들은 먼저 말로 설명하고 약속을 미리 해 두는 것도 좋다. 그리고 마트를 간다. 아이가 떼를 쓰면 바로 마트에서 나온다. 번거롭겠지만, 이렇게 몇 번 하면 아이의 행동에 변화가 온다. 이렇게 강화를 주지 않는 것, 그로 인해 바람직하지 못한 행동을 감소시키는 것이다. 그러나 부모가 이렇게 하기란 쉽지는 않다. 행동수정에서 중요한 것은 이론적 근거와 그에 따른 경험이 필요하다. 행동수정가들이 소신 있게 문제행동을 수정할 수 있는 이유는 충분히 연구되어 온 이론적 토대를 근거로 오랫동안 이 기법을 활용하는 법을 숙련해 왔기 때문이다.

이처럼 소거는 주로 이전에 관심을 끌기 위해 아동이 했던 부적절한 행동에 대한 강화를 제거하여 표적행동의 빈도나 강도를 점진적으로 줄이는 절차로, 이 방법은 아동의 손가락 빨기, 자기자극 행동 같은 내생적 행동이나 신체적 공격 행동에는 적용하지 않는다. 이러한 행동에 대해서는 직접적인 중재를 적용하는 것이 바람직하다. 소거 절차를 사용할 경우, 적절한 대안행동을 가르치고 차별강화 전략을 같이 사용해야 한다.

즐거운 활동으로부터 배제하기 또는 줬다 뺏기

필자가 몇 년 전 특수학급에서 의뢰를 받고 보드게임을 활용한 사회성 그룹 프로그램을 진행한 적이 있었다. 초등학교 고학년과 저학년 반으로 나누어서 보드게임을 진행하였다. 보드게임과 같은 게임은 놀이가 주는 즐거움을 제공하는 동시에 경쟁이라는 요소가 들어 있고 승부가 중요하여 도전을 하도록 하며, 이런 경쟁과 도전이 대인관계 내에서 이루어져 상호작용 촉진에도 도움이 된다. 또한 흥미 유발 및 참여 동기를 주고 자기 통제, 좌절에 대한 인내심을 길러 주며, 조직화된 규칙을 이해하고 수용하는 과정에서 인지 발달도 함께 도모할 수 있다.

레이드(Reid, 1991)는 이런 보드게임의 치료적 기능을 일곱 가지로 정리하였다. 첫째, 치료적 동맹, 둘째, 즐거움의 제공, 셋째, 진단, 넷째, 의사소통, 다섯째, 정서적 성장, 여섯째, 인지 발달의 촉진, 마지막으로 사회화 요인이 그것이다. 그저 재미로만 하는 줄 알았던 보드게임의 효능이 이렇게 많다는 것을 모르는 사람이 많다. 특히, 부모들은 학습이 아닌 노는 행위로만 간주하는 경향이 있다. 그러나 잊지 마시길, 아이들은 놀면서 배운다는 것을.

이렇게 다양한 측면에서 도움이 되는 보드게임은 일단 아이들이 흥미를 보인다는 점이 가장 큰 이점이라 할 수 있다. 치료사는 아이들에게 힘들이지 않고 규칙 내로 들어오도록 만들고 자연스럽게 친

<표 2-9〉 타임아웃과 반응대가

- 타임아웃: 정적 강화로부터의 타임아웃은 부적절한 행동의 결과로 일정 시간 동안 정적 강화인에 접근할 수 없도록 하는 것이다. 강화물에서 학생을 제거하거나, 학생으로부터 강화물을 제거할 수 있다.
  타임아웃에는 문제행동을 보인 학생이 정적 강화인이 있는 환경 안에 있으면서 제한된 시간 동안 모든 관심과 강화를 제거하는 비배제적 타임아웃과 일정한 시간 동안 문제행동을 보인 환경이나 활동에서 물리적으로 다른 환경이나 활동으로 가도록 하는 배제적 타임아웃이 있다. 타임아웃은 학생이 현재 참여하고 있는 환경이나 활동이 학생에게 더 이상 강화인이 되지 않을 때에는 사용해서는 안 된다. 즉, 공부하기 싫어 떠드는 경우 교실 밖으로 내보내는 것은 오히려 그 행동을 강화하는 것이다.

- 반응대가: 부적절한 행동에 대하여 이전에 아동이 얻었던 강화물이나 특권을 체계적으로 제거하는 절차이다. 반응대가 체계는 토큰경제 체계와 병행하여 시행하여야 효과적이며, 반응대가를 시행하기 전 아동에게 충분히 설명해야 하고 강화물이 제거될 행동과 아동이 잃게 되는 강화물의 수를 미리 정한다. 또한 강화물이 제거될 부적절한 행동 목록과 추가로 강화물을 받을 수 있는 적절한 행동 목록을 제시한다.

밀감을 형성할 수 있다. 아이들은 뭔가 힘들게 작업하지 않고 논다고 생각하면서 자신도 모르게 점점 조직화된 틀 속에 익숙해지게 된다. 그런데 여러 명이 함께 게임을 하다 보면 당연히 규칙을 어기고 자신이 하고 싶은 대로만 하려고 고집을 부리는 아이들이 있게 마련이다. 게임에 규칙이 없다면, 더 이상 게임이 아니다. 규칙을 어기는 자, 게임을 할 자격이 없다는 것을 분명히 명시하여야 하고 규칙을 어기면 즉시 그에 상응하는 대가를 치르도록 해야 한다. 그중 가장 효과적인 방법 중 하나가 '타임아웃'이다. 잠시 게임으로부터 떨어뜨려 놓는 것이다. 자기 순서에서 한 번 기회를 잃거나 아예 게임을 할 수 없도록 하는 것이다. 게임의 맛을 안다면 아이들은 게임을 하기 위해 규칙을 어기거나 마음대로 행동하지 않는다.

싫어하는 것을 하도록 하기

세상이 많이 변했구나, 즉 내가 나이를 많이 먹었구나 하고 느끼는 순간이 종종 있는데 그중 하나가 방과 후 청소시간이 사라졌다는 것이다. 필자가 초등학교(그 당시는 국민학교라 했음)를 다닐 당시에는 청소 당번이 있었고, 학교 수업이 끝나면 당번인 학생들이 교실 청소를 하고 가야만 했다. 그런데 요즘 아이들은 학교에서 청소를 하지 않는다고 한다. 어찌되었건 '청소'를 좋아하는 사람은 많지 않다. '청소하기'는 대표적인 혐오자극 중 하나일 것이다. 특히 '화장실 청소'와 같이 하기 싫어하는 것을 하게 함으로써 바람직하지 못한 행동을 줄일 수 있다. 지각을 하거나 숙제를 해 오지 않을 경우 청소하기가 따라온다면 청소를 하지 않기 위해서 지각이나 숙제를 안 하는 등의 행동이 줄 가능성이 높다. 혐오자극에 대한 내용은 〈표 2-10〉을 확인하기 바란다.

〈표 2-10〉 혐오자극의 예

- 원상회복(simple correction): 원상회복은 손상된 것을 되돌리도록 하는 행동이다. 아동의 잘못을 수정할 수 있도록 하는 기회를 주는 것으로 자신 있게 할 수 있도록 기회를 주는 것이지, 처벌은 아니다.

- 원상회복 과잉교정(over correction): 손상된 환경을 단순하게 원상회복 시키는 것뿐만 아니라 파괴 이전 상태보다 더 개선된 상태로 복구시키는 것이다. 이는 부적절행동에 대한 처벌의 결과로 사용된다.

- 정적 연습(positive practice): 부적절행동에 대한 후속 결과로 부적절한 행동 대신 정확하고 바람직하며 적절한 행동을 연습하게 하는 것이다.

- 무조건 혐오자극: 아동에게 신체적 고통이나 불편함을 끼치는 후속반응을 포함한다. 이러한 자극은 이전의 경험이 필요 없이 행동 변화를 유발하므로 '학습되지 않은 벌인자'라고도 한다.

- 조건 혐오자극: 무조건 혐오자극과 짝을 이루어 혐오적인 경험으로 학습된 자극을 말한다. 예를 들어, 경고, 목소리, 몸짓, 언어적 질책 등이 조건 혐오자극이 될 수 있다. 언어적 질책을 사용할 때는 반드시 짧고 요점만 간단히, 가능한 한 아동 한 개인에게 해당되는 것을 이야기해야 하고 아동의 주의를 끌어야 한다.
무조건 혐오자극이나 조건 혐오자극을 사용하고자 한다면 가능한 한 효과적으로 사용하여야 한다. 아동의 행동과 관련하여 일관성 있게 즉각적으로 확실히 사용하여야 한다. 그러나 적절한 행동을 강화하여 아동에게 기대되는 적절한 행동을 가르침으로써 강화의 경험 기회 또한 제공하도록 해야 한다.

〈표 2-11〉 행동수정의 절차

- 표적행동 선정

내담자에게 유익하고 사회적으로 중요한 행동이다.

표적행동은 관찰 가능하고 측정 가능한 용어로 조작적으로 정의 내려야 한다.

1. 치료계획 수립
2. 기초선 자료 수집
3. 표적행동 변화를 위한 중재 실시
4. 중재 기간 동안 행동 변화를 검증하기 위하여 단일 대상 실험설계 방법
   에 따라 행동과 중재 간의 기능적 관계를 입증
5. 중재 철회 이후 행동의 유지 여부 혹은 일반화 자료 수집

표적행동은 변화할 행동으로 증가시키거나 새로 학습시킬 필요가 있는 부족한 행동이나 감소시킬 필요가 있는 과도한 행동을 말한다. 표적행동의 기술은 표적행동을 진술함으로써 일관적으로 관찰 가능하게 하며, 실제 변화된 것임을 제3자에게 보여 줄 수 있고 다른 사람들이 지도할 경우에도 일관성 있게 지도할 수 있도록 해 준다.

- 표적행동의 치료계획
  1. 친구 때리기(과다)
     - 발생 빈도가 높고, 사회적으로 용인되기 어려운 행동이다.
     - 치료 목표: 표적행동의 감소와 제거
     - 치료 방법: 기능성 평가(원인), 또래 소거, 대체행동의 차별 강화

  2. 자기 물건 공유하기(과소)
     - 행동 빈도가 기대 수준보다 낮아 따돌림을 받는다.
     - 치료 목표: 표적행동의 증가
     - 치료 방법: 또래 촉진과 또래 강화, 교사 촉진과 교사 강화

  3. 정중하게 요청하기(결손)
     - 또래 사회에서 요구되는 사회적 행동의 결손이다.
     - 치료 목표: 결손된 사회적 행동의 훈련
     - 치료 방법: 사회적 행동의 훈련, 모방, 역할놀이

교통위반 딱지는 혐오인자이다

교통위반을 했을 때 위반 티켓이나 벌금 등을 무는 것은 부정적인 강화인자이다. 이런 경우 우리는 불유쾌한 정서를 경험하며, 대개는 이런 행동을 하지 않거나 조심하게 된다. 이런 맥락에서 혐오치료(aversion therapy)는 혐오적인 자극이나 부정적인 강화를 사용하는 치료를 말한다.

이렇게 잘못된 행동이나 부적절한 행위 뒤에 벌금을 물게 하는 것은 어떤 행동 뒤에 자극이 수반됨으로써 그 확률을 줄이는 조작적 조건화의 예라고 할 수 있고, 고전적 조건화로도 혐오치료를 사용할 수 있다. 알코올중독자에게 알코올과 메스꺼운 물질을 같이 섭취하게 함으로써 알코올에 대한 혐오감을 학습시키는 것이 한 예이다. 실제로 알코올을 다량 섭취하고 그다음 날 숙취로 고생해 본 사람들은 이 방법에 대해서 어느 정도 공감할 것이다.

술을 진탕 마시고 그다음 날 필름이 끊기거나, 속이 쓰리고 아프거나, 뒷감당을 하기 어려울 정도의 엄청난 실수, 예를 들어 좋아하는 이성에게 술김에 고백을 했다가 거절을 당하는 등의 불유쾌한 사건이 함께 일어나고 이런 경험들이 반복되다 보면, 술을 마시는 행위는 더 이상 즐거운 행위가 아니라, 불쾌하거나 불안감을 느끼게 되는 행위가 되고, 이런 기억과 경험으로 인해 술을 줄이거나 멀리하게 되는 경우도 많다.

이렇게 혐오자극이나 혐오스러운 경험을 한 후에 알코올 섭취가 주는 경우도 있지만, 알코올중독의 혐오치료가 별다른 효과가 없다는 보고도 있다. 알코올중독자들에게 인위적으로 혐오자극을 주었을 경우, 알코올중독자들이 혐오자극이 실제 알코올로 인한 효과가 아니라는 것을 인지할 경우에는 별다른 효과가 없을 수 있다.

<표 2-12> 응용행동분석

> 응용행동분석(applied behavior analysis)은 '행동수정'을 대체하는 용어로 인간의 행동을 이해하고 예측하고 변화시키기 위해 노력하는 응용과학의 한 분야를 말한다.
> 응용행동분석은 행동수정보다 엄격한 절차에 의해 수행되며, 표적행동은 사회적으로 중요한 행동으로서 변화될 필요가 있는 행동이어야 하며, 행동에 대한 용어는 관찰 가능하고, 측정 가능하며, 객관적 용어이어야 한다. 또한 변화될 행동과 행동에 개입되는 중재는 객관적으로 증명 가능해야 한다.

문간에 발 들여 놓기

누군가에게 어려운 부탁을 해야 할 상황이라고 할 때, 보통 어떤 방법을 택하는가? 처음부터 들어주기 어려운 부탁을 한다면 상대방은 부담스러워할 것이다. 그래서 상대가 들어줄 법한 가벼운 부탁부터 요구하는 기술이 필요할 수 있다. 이런 행동을 '문간에 발 들여 놓기'라고 한다. 먼저 문간에 발을 들여 놓아야 그다음에 뭐라도 할 것이 아닌가. 이처럼 부담스럽고 하기 힘들거나 두려운 어떤 것에 직면해야 할 때 점진적으로 단계를 밟아가는 방법이 효과적일 수 있다.

어린아이들과 상담을 하다 보면, 부모와 분리가 잘 안 되는 아동이 있다. 연령이 어릴수록 당연히 엄마와 분리가 안 된다. 먼저 엄마에게 이 아이가 혼자 치료실에 들어가도 되는지 여부를 묻는다. 대개 상관없다고 반응하지만, 엄마가 불안해하는 경우는 아이도 불안해한다. 연령이 어느 정도 되는 5~6세 이상 아이의 경우에는 처음에 부모에게 양해를 구하고 아이만 혼자 들어올 것을 주문한다. 그럼에도 아이가 거부하거나 불안해하면 부모 중 한 사람, 주로 엄마와 같이 들어오게 하고 아이가 좀 안심하는 것 같으면 아이를 설득하여 엄마가 치료실에서 나가 밖에 있어도 되는지를 묻고 아이가 동의하면 엄마가 조용히 치료실을 나간다. 대부분의 아이들은 몇 단계를 거치면서 자연스럽게 분리를 하지만, 불안이 높은 경우는 강제로 분리하기보다는 여러 단계를 거쳐 서서히 분리하는 것이 좋다. 특히, 연령이 어린 아동의 경우 억지로 분리하려고 할 필요는 없다. 시간이 지나면 서서히 적응하게 되어 있다. 의식하지 못할 정도로 단계를 나누어서 점진적으로 접근하다 보면 대부분은 불안이 경감되어 어느 순간 적응하게 된다. 불안이 높은 경우 불안의 위계를 정하고 대개는 낮은 단계에서부터 불안이나 두려움을 극복하도록 돕는데, 이를 체계적 둔감화(systematic desensitization)라고 한다.

체계적 둔감화는 두려움 극복을 돕는 절차로서, 이완된 상태에서 최소한에서 최대한의 두려움의 위계에 따라 두려움을 유발하는 상황을 상상한다. 반면, 실제 상황 탈감법은 이완을 유지하면서 실제 두려움을 유발하는 자극에 점진적으로 노출됨으로써 두려움을 극복하는 방법이다. 체계적 둔감화는 대인관계 불안, 신경증적 불안, 신경성 식욕부진, 강박증, 우울증 제거에도 효과적이다.

나를 죽이지 못한 것은 나를 보다 강하게 만든다

삶이 너무 힘들어 삶을 놓고 싶었을 때, 그 어떤 말보다도 필자에게 힘이 되었던 말은 철학자 니체의 "나를 죽이지 못한 것은 나를 보다 강하게 만든다."라는 말이었다.

나를 죽일 정도가 아닌 모든 고통과 경험을 통해 우리는 성숙한다. 이런 고통을 겪지 않고서 이룰 수 있는 것은 거의 없다. 벼가 익어 고개를 숙일 때까지, 한낮의 뜨거움과 지리한 장마와 무지막지한 천둥번개의 두려움과 고통을 견뎌내야만 한다. 시간은 그냥 흘러가지 않으며, 삶은 그냥 살아지지 않는다. 그러나 때로는 이런 고통에서 벗어나고 회피하고 싶은 것이 사람의 심리이기도 하다. 그러나 벗어나려고 하면 할수록, 피하려고 하면 할수록 그 굴레에서 벗어나지 못하는 아이러니에 봉착하게 된다.

노출치료법(exposure treatment)은 두려움을 일으키는 자극을 지속적으로 제시하는 기법으로 불안의 자극-반응의 연결고리를 끊는 것이다. 실제 상황 노출법은 실제로 불안을 유발하는 자극에 오랫동안 노출시키는 것이다. 불안을 감소시키는 특정한 행동을 하지 않으면서도 오랫동안 불안자극에 노출된 채 그냥 있으면 불안이 감소된다는 것이다. 상상적 노출법은 일상생활 대신 상상에서 일어난다는 것을 제외하고 원리는 비슷하다. 두려운 대상이나 상황에 직간접적으로 노출시키는 것으로, 불안이나 공포증의 행동치료의 한 기법이다.

체계적 둔감화는 불안이나 공포의 위계를 정해서 덜 불안하거나 공포스러운 장면부터 점진적으로 시행할 수 있고 반대로 가장 강력한 것부터 시작할 수도 있다.

노출과 반응억제(제지)는 강박증을 가진 환자의 경우 자신이 불안을 느낄 만한 상황에 노출시키고 이를 중화하기 위한 강박행동

(손씻기)이 나타나려고 할 때 강박행동을 저지하고 견디도록 함으로써 증상을 완화시키는 것이다.

노출치료는 핵심적인 신념(심장발작으로 죽을 것이다)과 이와 반대되는 증거(아무 일도 일어나지 않았다)를 직접적으로 제시함으로써 병적인 자동적 사고와 비합리적 신념을 깨 버릴 수 있도록 돕는다.

이완과 긴장은 동시에 일어나지 않는다

이완훈련은 사람들에게 일상생활에서 만들어지는 스트레스에 대처할 수 있게 하는 기법이다. 이완은 근육이완, 심상법, 호흡법을 통하여 이루어지는데 지속적인 훈련을 통하여 스트레스 상황하에서 언제든지 이완할 수 있도록 한다. 이완훈련은 체계적 둔감화 과정의 한 부분으로 사용되어 왔지만 최근에는 분리된 개념으로도 사용되고 있고 다양한 심리적 문제(예: 분노조절) 해결에 사용되고 있다. 또한 스트레스와 불안, 고혈압, 심장질환, 편두통, 불면증 등에 다양하게 활용되고 있다.

이완요법 중 근육이완법에 대해서만 간략하게 설명하도록 하겠다. 근육이완법은 다음에 제시한 대로 머리에서 발끝까지 순서대로 힘을 주었다가 풀기를 반복하면서 근육을 이완하는 기법이다. 이것이 어떤 효과가 있을지 의구심을 갖을 수 있지만, 흔히 자신도 모르게 긴장을 하면 어깨나 목 근육을 풀고 손이나 다리 근육을 푸는 행위를 하곤 한다. 본능적으로 긴장을 풀기 위한 행동을 하고 있는 것이다. 우리는 긴장과 동시에 이완 상태를 경험하지 않는다. 그리고 근육을 이완하면 근육의 긴장도가 떨어짐과 동시에 심리적인 긴장 상태도 같이 경감된다. 긴장한 상태에서는 보다 많은 스트레스를 느낄 수 있지만, 이완이 되면 상대적으로 스트레스를 덜 느끼게 된다. 그래서 근육을 이완하여 긴장도와 스트레스를 떨어뜨리고 이후 상담치료를 병행하면 그 효과가 더 증대된다.

〈표 2-13〉 근육 이완하기

1. 온몸에 힘 풀기
2. 오른팔을 들고 주먹을 꼭 쥐었다가 서서히 풀기
3. 왼팔을 들고 주먹을 꼭 쥐었다가 서서히 풀기
4. 양팔을 다 들고 두 주먹을 꼭 쥐었다가 서서히 풀기
5. 눈썹을 찡그려 이마에 주름을 잡았다가 서서히 풀기
6. 두 눈을 꼭 감았다 눈알을 굴리면서 서서히 풀기
7. 혀 끝을 앞니 뒤편에 갖다 대어 힘 주었다가 서서히 풀기
8. 입술을 양 귀쪽으로 세게 끌어 당겼다가 서서히 풀기
9. 머리를 뒤로 젖혀서 목에 힘을 주었다가 서서히 풀기
10. 어깨를 귀 밑까지 올려서 힘을 주었다가 서서히 풀기
11. 등을 힘껏 구부렸다가 서서히 풀기
12. 배에 힘을 세게 주었다 서서히 풀기
13. 두 다리를 늘어뜨려 발끝을 머리 쪽으로 세게 구부렸다가 서서히 풀기
14. 온몸에 힘을 풀면서 숨을 크게 한 번 쉬기

〈표 2-14〉 기타 행동치료 기법

• 모델링
• 사고 중단법
• 주장 훈련
• 사회적 기술 훈련
• 자기 관리 프로그램

03
인지주의 심리학

인지주의의 출현

인간을 행동하게 만드는 것은 ○○이다

영화 〈매트릭스〉는 2199년 인공지능(artificial intelligence: AI)이 지배하는 가상 세계를 배경으로 하고 있다. 인간의 기억을 지배하는 인공지능컴퓨터에 의해 인간은 AI의 생명을 연장하는 도구로 전락하며, 인간의 뇌는 AI의 통제를 받는다. 가상의 꿈에서 깨어난 사람들은 이를 알고 AI와 맞서 싸운다는 것이 이 영화의 주된 내용이다. 주인공 토머스 앤더슨(키아누 리브스)이 평범한 회사원에서 인류를 구원할 영웅으로 재탄생되는 과정이 그려지고, 마침내 그는 인간의 비참한 현실을 해결하고 구원하기 위해 사이버 전사로

[그림 3-1] 영화 〈매트릭스〉의 포스터와 장면

거듭난다. 물론 기계(인공지능)가 인간을 지배하는 순간이 올 것인 가는 의문이다. '~하고자 하는 욕구'는 생명체만이 가진 것이며 이 욕구와 욕망을 만들어 낼 수 있다면 자폐와 같은 장애를 가진 사람 에게도 '그런 욕구를 가지도록 만들 수 있지 않을까?' 하는 생각도 가져본다.

소설 『이상한 나라의 앨리스』와 영화 〈매트릭스〉는 비슷한 서사 구조를 갖고 있다. 앨리스는 토끼가 뛰어가는 것을 보고 그 토끼를 쫓아가다가 우연히 깊은 구멍으로 빠져들고 이상한 나라에 들어가 게 된다. 그곳에서 온갖 희귀한 일들을 경험하는데, 예를 들면 뭔가 를 먹으면 키가 커졌다 작아졌다 한다. 이는 관점의 변화를 의미하 는 것일 수 있다. 그러면서 자신이 꿈속에 있으며 이것이 현실이 아

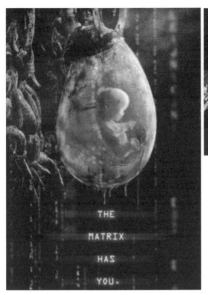

[그림 3-2] 영화 〈매트릭스〉의 장면

* 인공자궁에서 배양되고 인공지능컴퓨터의 에너지원으로 활용되고 있는 인간의 모습은 흡사 가상의 현실에 빠져 있거나 자신을 둘러싼 환경에서 앞만 보고 달려가는 현대인의 모습과도 흡사하다는 생각이 든다.

님을 동시에 인식한다. 이는 일종의 자각몽일 수도 있지만, 그보다는 현재 내가 살고 있는 지금 이 현실이 진짜인가 하는 의문과 내가 알고 있는 것이 모두 진실일까 하는 의구심, 꿈과 현실의 경계에서 순간순간 현실 인식을 할 수 있는 검증 능력과 관련되어 있다. 〈매트릭스〉에서도 '토끼를 잡아라.'는 문구가 등장한다. 그러면서 주인공 네오에게 모피어스는 당신은 "이상한 나라에 온 앨리스 같군."이라고 말하며 이 상황을 빗댄다. 〈매트릭스〉에서는 가상과 현실의 세계를 넘나들면서 진짜 진실이 무엇인지 알게 되는 과정을 보여 준다.

누군가가 당신에게 진실을 알려 준다면서 한 손에는 파란 알약, 한 손에는 빨간 알약을 내보인다. 파란 알약을 집으면 원래 살던 대로 사는 것이고 빨간 약은 그동안 알던 것과 전혀 다른 진짜 진실을 알게 된다는 것이다. 당신은 어떤 선택을 할 것인가? 영화 〈매트릭스〉에서 모피어스와 주인공 네오의 대화 장면에서 매트릭스는 진실의 세계로 네오가 들어올 것을 제안하고 네오는 이를 기꺼이 받아들인다. 그러나 누구나 이런 선택을 하지는 않는다. 모피어스의 부하 싸이퍼는 지금까지 자신이 해 왔던 일을 포기하고 다른 선택을 함으로써 동료들을 배신한다. 선택은 그 사람의 경험, 생각, 가치관, 의지 등에 달려 있다. 따라서 인간의 행동을 기계론적으로 추측하고 예측하고 통제하는 것에는 분명 한계가 있다. 인간이 어떤 행동을 하도록 이끄는 것은 '호기심'과 같은 보이지 않는 그 무엇이다. 즉, 인공지능에게 엄청난 양의 지식을 보유하게 만들 수는 있지만 '호기심'과 같은 것을 만들어 줄 수는 없다는 것이다. 그러므로 인간을 기계론적인 입장에서만 이해하는 것은 인간을 부분적으로만 설명할 뿐이다.

행동주의 심리학에서는 자극(환경)에 따라서 행동이 결정되므로 어떠한 행동이든지 예측이 가능하다고 주장하였으나 모든 행동을 예측한다는 것이 가능한가? 물론, 불가능하다.

이렇게 인간을 지나치게 단순화하고 기계론적으로 보는 입장에 대하여 반하는 실험을 제시한 사람들이 있다. 그들은 쾰러(Köhler, 형태주의 심리학자)와 톨만(Edward Tolman, 1886~1959)이다. 쾰러의 원숭이 실험 결과와 톨만의 쥐 실험 결과는 자극-반응의 연합인 조건형성의 원리로는 설명하기 힘든 무언가를 보여 주었다. 이

것을 '인지학습(cognitive learning)'이라고 한다.

원숭이에게도 통찰이 일어날까?

먼저 쾰러[1]의 실험을 살펴보자. 그는 침팬지를 우리 속에 가두고 막대기 몇 개와 상자를 바닥에 놓고 바나나를 천장에 매달아 놓았다.

침팬지는 천장에 걸려 있는 바나나를 먹기 위해 여러 차례 노력했지만 번번이 실패한다. 그런데 실패만 하던 침팬지는 작은 막대와 큰 막대를 연결한 후 상자를 밟고 올라가서 바나나를 따먹는 방법을 찾아낸다. 어떤 이유로든 침팬지는 바나나를 따먹는 방법을

[그림 3-3] 통찰 실험

출처: 윤가현 외(2012).

---

1) 볼프강 쾰러(Wolfgang Köhler, 1887~1967)는 게슈탈트 운동의 전개에 가장 활발한 모습을 보여 준 인물이다. 그는 막스 플랑크(Marx Plank) 연구소에서 물리학 훈련을 받아 심리학도 물리학처럼 부분들 간에 연결이 이루어져야 한다고 믿었으며, 어떤 형태도 물리적·심리적 연결이 일어나야 한다고 보았다(장현갑, 2015).

알아낸 것이다. 쾰러는 침팬지가 바나나를 먹을 수 있었던 것은 문제에 대한 통찰이 생겼던 결과라고 설명했다. 통찰(insight)은 문제 상황에서 유기체가 새로운 사태에 직면했을 때 과거의 경험에 의존하지 않고 주어진 과제와 관련시켜 전체 상황을 다시 파악함으로써 과제를 해결하는 능력이나 현상을 말한다. 즉, 보이지 않는 내적인 무언가가 작용했다는 것인데, 수차례 시행착오를 통해 그들은 문제해결의 실마리를 찾았고 결국 바나나를 먹을 수 있게 된 것이다.

쥐도 인지학습을 할 수 있다?

쾰러의 원숭이 실험에 이어 이에 상응하는 또 다른 실험이 있다. 톨만[2]의 쥐 실험이다. 인류와 가장 흡사하다는 영장류인 침팬지에게 통찰학습이 이루어진다는 것은 그리 놀랄 만한 일은 아닐 것이다. 실제로 그들은 인간처럼은 아니더라도 도구를 사용할 수 있다. 그런데 '쥐에게 인지학습을 시키는 것이 가능할 것인가?'에 대해서는 의문을 가질 수 있다. 톨만은 다음과 같은 실험을 고안한다. 먹이가 있는 목표지점까지 여러 개의 통로가 설계되어 있는 미로에 쥐를 넣고 어떻게 먹이를 찾아가는가를 살펴보았다.

시간이 흐르자 쥐들은 최단거리를 찾아서 목표지점에 도달했다. 실험자는 쥐들이 목표지점에 도달하면 바로 최단거리로 가는 통로를 차단하였다. 그럼에도 쥐는 곧바로 두 번째로 짧은 통로를 찾아

---

2) 에드워드 톨만(Edward chace Tolman)은 20세기 행동주의를 이끈 행동주의자이다. 그는 행동주의에 맥두걸(William McDougall)의 형태주의 심리학 이론을 결합하려 하였다. 그는 20세기 후반에 등장한 인지심리학의 선구자로도 인정된다(임성택, 안범희 역, 2009).

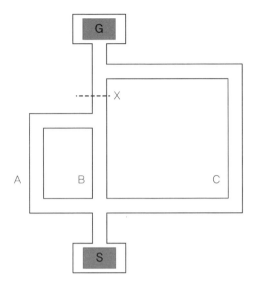

[그림 3-4] 쥐의 인지도 형성 실험

서 목표지점에 도달하였다. 톨만은 쥐가 훈련 초기에 이미 미로에 대한 지도를 머릿속에 그렸기 때문에 그와 같은 행동이 나타났다고 설명했다.

쾰러의 침팬지 실험은 '통찰학습(insight learning)'으로, 톨만의 쥐 실험에서 쥐의 행동변화는 '인지도(cognitive map)' 형성 때문이라고 보는데, 이 두 개념은 동물이 무언가를 기대하고 그 행동을 유도하는 활동이 내적으로 존재함을 보여 주는 대표적인 실험이다(윤가현 외, 2012).

이처럼 1950년대에 들어서서는 단순한 S-R 접근 방법으로는 충분치 않다는 점을 인식하면서 주의집중이나 사고, 기억 등과 같은 인지적 활동의 연구에 초점을 두어야 한다는 주장이 부각되었다. 또한 경험의 유무 등에 따라 인간의 행동은 동일한 자극을 받는다고 할지라도 사고하는 방식이 다르기 때문에 그 행동이 본질적으로 같을 수 없다. 이와 같은 입장을 '인지주의 심리학(cognitive psycholoy)'이라고 부른다.

인지심리학

인간은 이제껏 나온 모든 컴퓨터 중에서 가장 훌륭한 컴퓨터이다

1950년대 이후 심리학 분야에서 가장 눈에 띄는 흐름 중 하나는 '인지'에 대한 새로운 관심이었다. 이러한 흐름은 기억, 형태재인, 추론, 아동 및 성인 발달, 인공지능과 같은 분야에 걸친 새로운 연구에 의해 보다 확연해졌다. 나이서(Neisser, 1967)에 의하면, '인지(cogntion)'라는 용어는 "감각 입력 자료들이 변형되고, 축약되고, 저장되고, 회복되고 활용되는 모든 과정"을 의미한다. 인지심리학은 감각과 지각, 기억, 학습, 문제 해결, 언어와 같은 고도의 정신 기능을 강조하는 등 광범위한 연구 영역을 포괄한다(임성택, 안범희 역, 2009).

인지심리학은 인간의 정신적인 사상들을 컴퓨터 원리에 비교하여 설명하였는데, 즉 정보처리적인 관점에서 유기체를 정교한 정보처리자로 본 것이다. 이러한 인지심리학의 관점은 인지주의 심리학에 영향을 미친다.

기억은 기록이 아니고 해석이다

전술했듯이 인지심리학에서 '기억'은 주요한 연구과제 중 하나이다. 기억은 감각기억, 단기기억, 장기기억 등의 연속적인 단계를 거쳐 정보를 처리한다. 그러나 같은 경험을 했더라도 개인마다 그 기억이 조금씩 다르다. 즉, 기억을 저장하는 과정에서 개인의 경험과 생각, 감정 등이 개입되면서 이러한 차이가 발생하는데, 인간이 기억을 저장하고 인출하는 과정은 수동적인 개념이 아닌 '적극적이고 능동적인' 개념으로 봐야 한다는 의미이다. 영화를 예를 들어 보자. 영화 〈메멘토〉의 주인공은 사고로 뇌손상을 입은 단기기억 상실자이다. 그는 아내를 죽인 범인을 찾기 위해 노력하지만, 그의 기억은 사고 이전에 멈춰 있다. 그는 더 이상 기억할 수 없는 자신의 능력을 대체하기 위해 메모를 활용한다. 그러나 그 메모도 그의 기억을 대체하는 수단이 아닌 자신의 생각을 뒷받침하는 수단으로 전락하면서 그는 그의 숨겨진 공격성을 정당화한다. 그는 테리라는 남자의 독설에 분노한다. 그리고 그를 멀리서 지켜보면서 생각한다. '당신이 한 말을 내가 잊지 않도록 하겠어.' 그러면서 테리의 사진 하단에 '그의 거짓말을 잊지 마라.'라고 적는다. 그리고 '그를 죽여라.'는 메모가 추가된다.

1970년대 인지심리학은 신경과학과 컴퓨터의 발전으로 지각의 속성과 기억 등에 초점을 맞추게 되었다. 인지심리학의 연구 성과에 힘입어 모델링, 문제 해결, 행동의 언어적 통제, 자기 통제 등 행동치료에 영향을 미치게 된다. 행동이 과거 경험이나 환경에 의해 통제된다고 보는 입장과 달리 정보처리나 인지가 매개 역할을 한다고 보는 입장에서는 인간을 '능동적이고 선택적으로 정보를 찾는 존재인 동시에 정보를 창조하고 사용하는 존재'로 본다. 이러한 인지심리학의 정보처리 모델을 잘 보여 주는 것은 모델링에 관한 반두라(Bandura, 1969)의 연구인데, 그는 관찰학습을 인지적으로 설명하였다. 반두라는 연구를 통해서 동작 재생, 유인가, 동기와 더불어 주의와 기억이라는 인지적 과정을 강조하였다(권석만 역, 2010).

인간이기 때문에 생각하고, 생각하기 때문에 행동한다

인지주의에서는 "인간이기 때문에 생각하고, 생각하기 때문에 행동한다."라고 주장한다. 이러한 생각은 의식을 연구했던 구성주의나 기능주의, 형태주의 심리학과 맥을 같이 한다.

컴퓨터 과학의 발달과 함께 인지주의 심리학도 1970년대 이후 빠른 속도로 발달했는데, 인지주의의 관점에서는 행동주의 S-R 접근 방법을 '검은 상자 접근 방법(black box approach)'이라고 비판하기도 하였다. 그 이유는 행동의 원인이 되는 자극을 어떻게 받아들이고 해석하고 판단하는지에 대한 내용을 설명하지 못하였기 때문이다.

행동주의는 자극과 반응, 즉 행동만이 관찰의 대상이며 이 행동을 주된 측정의 대상으로 여겼고, 인간을 자극과 반응이라는 단순한 논리로 설명하였다. 그러나 인지주의에서는 이렇게 다른 결과를 만드는 그 무엇, 보이지 않는 그 프로세스가 바로 인간의 내적인 과정, 즉 '생각'과 '사고'에 달려 있다고 보았다. 그리고 이 생각과 사고가 원인이 되는 자극과 결과가 되는 행동을 매개한다고 보았다.

인지주의에서는 행동주의에서 간과하였던 이 내적인 측면을 강조하였다. 그리고 다른 한편, 행동주의가 가지고 있는 장점 등을 보완할 필요가 있었다. 인지행동치료는 기존의 행동적인 입장과 인지적인 입장을 포함한다.

인지행동치료

생각하지 말고 인지하라. 마음을 비우고 마음을 열어라

영화 〈매트릭스〉의 가상현실은 우리 스스로 만든 잘못된 현실 인식과 왜곡된 사고를 의미하는 것일 수 있다. 즉, 우리는 우리가 아는 것과 보는 것만이 진실이고 그 이외의 것은 받아들이지 않은 채 살아가고 있는 것인지도 모른다. 이처럼 무의식적으로 일어나는 생각 중에서 왜곡된 생각은 우리가 보는 것을 제한한다. 많은 사람의 딜레마의 이면에는 그들이 형성한 무의식적인 신념이 있는데, 그것이 주로 부정적이고 합리적이지 않을 때 문제가 발생한다. 이런 부정적이고 비합리적 신념, 왜곡된 사고를 이해하기 위해서 먼저 인지행동치료의 기초 개념에 대해 이해할 필요가 있다.

우리는 자신도 모르게 어떤 생각에 사로잡혀 있다. 누군가에게 인사를 했는데 그가 인사를 받지 않고 지나쳐 갔다면 어떤 사람들은 그가 자신을 발견하지 못했기 때문이라고 생각할 수 있지만, 어떤 이들은 자신을 무시하기 때문이라고 생각할 수 있다. 이런 자동적이면서도 역기능적인 생각을 벡(Aaron Beck)은 '역기능적 자동적 사고'라고 하였다. 이런 역기능적이면서도 자동적인 사고는 거의 무의식적으로 일어나기 때문에 스스로 인식하지 못할 수 있다. 그리고 이런 자동적인 사고는 매순간 떠오르며 우리의 감정과 행동에 영향을 미친다. 만약 자신의 인사를 받지 않은 사람이 자신을 무시해서 그런 행동을 했다고 생각한다면 당연히 기분이 나빠질 것이고 그다음에는 그에게 인사를 하지 않을 것이다. 이것은 자신과 타인의 관계 형성에 악영향을 미친다. 따라서 이런 생각에 근거가 있는지 스스로 의문을 가져야 한다. 저 사람이 나를 싫어할 이유가 있는가? 아니면 다른 이유가 있는가? 이런 의문을 제기하면서 스스로가 합리적인 생각을 가지고 있는지 곰곰이 따져 보아야한다. 합리적 정서행동치료의 창시자인 엘리스(Ellis)는 인간은 스스로 합리적이라고 생각하는 비합리적인 존재라고 말한다. 우리는 이렇게 스스로 합리적이라고 생각하는 비합리적인 오류에 빠져있는지도 모른다.

이처럼 인지치료에서는 왜곡되고 역기능적이며 비합리적인 사고와 생각을 다룬다. 그리고 인지행동치료는 인지치료와 행동치료를 통합하여 그 효과를 극대화한 치료기법이다. 단순히 인지적기법만으로는 심리 상담에 한계가 있다는 것을 인식하게 되면서행동적 기법 도입의 필요성이 대두되었고 이 접근들이 통합되어인지행동치료(Cognitive-Behavioral Therapy: CBT)로 지칭되기에 이르렀다.

〈표 3-1〉 인지행동치료의 두 가지 핵심 개념

- 사고는 감정과 행동에 영향을 미친다.
- 행동 양식은 사고 패턴과 감정에 영향을 미친다.

인지행동치료(CBT)는 1960년대 초반 켈리(Kelly, 1961), 엘리스(1962), 벡(1963) 등에 의해서 기존의 심리치료 이론과는 구별되는이론적 입장에 근거하여 시도된 치료 활동을 지칭한다. 마호니와안코프(Mahoney & Arnkoff, 1978)는 인지행동치료를 크게 세 치료학파로 나누었다. ① 엘리스(1962)의 합리적 정서치료, ② 벡(1963)의 인지치료, ③ 마이켄바움(1977)의 자기교시훈련이다(김채순, 2012).

인지는 앎, 즉 어떤 것을 인식하여 아는 것

인지치료에 대해 이야기하기 전에 먼저 알아야 할 개념이 있다. 그것은 바로 '인지(cognition)'이다. 많은 사람이 "인지치료란 무엇인가요?" "인지란 무엇인가요?"라고 물어보는 경우가 많다. 인지라는 개념은 다소 생소하고 추상적인 개념으로 생각되기 쉽다.

인지는 종종 지능과 유사한 개념으로 이해되기도 한다. 인지는 감각과 지각을 제외한 뇌의 총체적 기능으로 인지를 사용하지 않고서는 일상생활이 불가능하다. 밥 먹고 옷 입고 걷고 말하는 것 등 모든 행동이 거의 반사적으로 일어나는 것 같지만, 모두 인지 능력을 요구한다. 실제로 심각한 수준의 지적장애를 가진 사람은 이런 행위들을 습득하고 영위하는 것 자체가 어렵다. 인지에는 주의, 기억, 범주화, 계획하기, 추론하기, 문제 해결 등 다양한 요소가 포함되어 있고, 이 중 하나에만 문제가 있어도 적응에 어려움이 있다.

인지의 사전적 정의는 한마디로 말하면 '앎', 즉 '어떠한 사실을 분명하게 인식하여 아는 것'으로 정의할 수 있다.

그렇다면 안다는 것은 또 무엇인가?

우리는 흔히 자주 접하고 익숙한 것을 아는 것으로 착각한다. 매일 보며 인사를 나누는 그 사람을 우리는 진짜 아는 사람이라고 할 수 있을까? 필자가 글을 쓰고 있는 현 시점의 시간은 2017년 1월 5일 밤 11시 45분을 지나고 있다. 대부분의 사람은 시간 개념을 가지고 있다고 생각하지만, 사실상 시간이 뭐냐고 묻는다면 대답하지 못한다. 시간의 존재 여부를 확인할 수 없기 때문이다. 이렇게 우리가 안다고 자부하는 또는 확신하는 모든 것은 세상이 정한 규칙이나 교육을 통해 배운 지식 또는 여러 경로를 통해 습득된 정보들이다. 이런 것들을 스스로의 경험을 통해 재구성하는 과정에서 많은 오류가 발생할 수 있다.

이렇게 사람들은 각자의 방식으로 세상을 이해하며, 같은 사실이라도 사람에 따라 다르게 해석될 수 있다.

한 남자가 있었다. 사랑하는 아내가 있었지만, 병이 들었고 어렵게 수술 날짜를 잡았는데 다른 사람이 그 기회를 가로채고 아내는 결국 죽음을 맞이한다. 그 이후 그 남자는 세상의 모든 사람을 믿지 않게 되었고 세상을 악의로 가득 찬 것으로 오지각, 오해석하기 시작한다. 그렇기 때문에 자신이 아내를 죽게 만든 인간들을 죽이는 것은 잘못이 아니라고 합리화한다. 그러나 그의 복수는 그것으로 끝나지 않는다. 자신을 범인으로 지목한 목격자와 그의 가족들에게까지 범행은 이어진다. 그는 자신을 이렇게 만든 것은 부조리한 세상과 자신의 가족을 죽음으로 몰고 간 사람들 때문이라고 믿고 있지만, 많은 사람이 그와 같은 선택을 하지 않는다. 바로 이것이 각자가 가지고 있는 '인지', 즉 세상을 인식하고 바라보며 해석하는 방식에서의 차이 때문이다. 따라서 같은 사실이라도 어떻게 인식하고, 어떠한 방식으로 받아들이고 소통하는가에 따라 달리 이해될 수 있으며, 이는 각자 다른 인지 수준에 따라 다르게 일어난다. 이러한 이유에서 인지를 세상을 이해하고 세상과 협력하고 교류하며 함께 살아가는 데 필수적인 요소라고 본다. 전술했듯이, 인지는 사람이 살아가는 데 필요한 모든 인식의 총체로 뇌 전체의 활동의 결과로 발생된다. 이런 인지 과정은 여러 가지 정보를 수합·종합해서 필요한 정보를 부호화시켜서 뇌에 저장하고, 필요할 때 이 기억을 재인출해서 사용하거나 이를 기초로 새로운 조합을 만들어 행동을 할 수 있게 하는 과정을 통칭한다.

정서는 우리가 환경에 잘 적응할 수 있도록 돕는 기능을 한다

엘리스는 인지, 행동, 정서가 서로 연동되어 있으면서 그 핵심은 '인지'라고 강조하였다. 즉, 인지가 인간의 행동과 정서에 영향을 미친다는 것이다.

인지와 행동의 정의는 앞에서 살펴보았으므로 생략하기로 한다. 그럼 '정서(emotion)'란 무엇인가?

켈트너와 시오타(Keltner & Shiota, 2003)는 다음과 같이 설명한다.

"정서는 외적 자극 사건에 대한 보편적이고 기능적인 반응으로서 현 상황에 대해 적합성을 증진하고 환경을 조형하는 반응을 촉진하기 위해 생리, 인지, 현상학적 양상 및 행동 경로들을 동시적으로 통합한다."(민경환 외 역, 2015)

무슨 말인가? 다시 쉽게 정리해 보면 어떤 사건이 발생했을 때 그것에 대해 보편적이면서도 기능적으로 반응하는 것이 바로 정서이며, 그 상황에 대해 잘 적응하기 위해 생리, 인지, 행동 등을 통합하는 기능을 하는 것이라고 볼 수 있다. 즉, 정서는 단순한 주관적 느낌만을 이야기하는 것이 아니다. 정서는 신체의 변화를 반영하고 사건에 대해 예측할 수 있는 반응이며 또는 그 사건에 대한 우리의 해석이며, 우리의 사고와 행동에 중요한 영향을 미친다. 정서가

진화적 관점에서 볼 때 적응적 기능을 가지고 있어 생존에 도움이 된다. 그러니까 이유 없이 싫다거나 좋다는 말은 그런 의미에서는 틀린 말이다. 싫다거나 좋다고 느끼는 데는 그만한 이유가 존재할 수 있다는 것이다.

정서는 삶을 풍요롭게 만든다

이런 정서는 인간을 인간답게 만드는 중요한 요소 중 하나다. 흔히 감정이 메마른 사람을 보고 우리는 '인간미가 없다'고 말한다. 실제로 이런 사람들과 같이 인간관계를 형성하고 일을 도모하기가 어려울 수 있다.

최근 필자의 사무실을 보고 싶다고 온 사람이 있었다. 강의실을 잠시 사용하고 싶다면서 찾아왔다. 약속시간이 다 되어도 오지 않아 전화를 걸어보니, 그 사람이 전화를 받는다. 미성의 목소리를 가진 남성이 전화를 받았고 그는 주차를 하고 있다면서 잠시만 기다려 달라고 한다. 그가 사무실에 도착하여 그의 얼굴을 마주한 순간, 필자는 너무나 놀랐다. 미성의 목소리와는 달리 그의 얼굴은 매우 짜증스러운 표정이었고 이런 표정은 단지 일시적인 현상(주차를 하기 위해 시간이 오래 걸려 일시적으로 짜증이 난 것)이 아닌, 오랜 시간 동안 누적된 그의 감정과 태도의 축적이었다. 그는 나를 보자 희미하게 웃음을 지어 보였다. 자주 웃지 않는 사람이 웃으면 그 웃음이 참 어색하게 보인다. 그는 사무실을 둘러보고 돌아갔다. 그를 만나고 나서 그날 내내 기분이 좋지 않았다. 그의 삶에 어떤 일들이 있었던 것일까? 세상에 좋은 일만 있지는 않지만, 힘든 일만 있는 것도 아니다. '살기가 힘들지만, 퍽퍽한 삶이라도 웃으며 살 수 있으면 좋지 않을까?' 하는 여러 생각이 오갔다. 그래도 이 사람에게는 부정적인 감정이라도 존재하고 있지만, 어떤 장애를 가진 경우 거의 정서를 느끼지 못하기도 한다. 대표적인 것이 '자폐성 장애'(DSM-5에서는 '자폐 스펙트럼 장애')이다. 이들은 감정이라는 모듈(module)이 존재하지 않는 것처럼 보인다. 사회적 상호작용 능력이 전무하고 대인관계에 대한 욕구 자체가 거의 없다. 그들에게도 아주 기본적인 정서, 즉 기쁨이나 슬픔, 분노, 공포 등이 존재하기는 하지만, 이런 감정조차도 일반적이지 않고 특이하다.

앞서 우리는 '행복이란 무엇인가'에 대해 다룬 바 있다. 이 '행복'은 인지보다는 '정서', 즉 행복은 기분이나 감정에 가깝다. 행복하거나 만족한 사람들은 자율성, 자신이 처한 상황에 대한 능숙함, 인격적 성숙, 타인과의 긍정적 관계, 인생에 대한 목표, 자기 수용의 특징을 가지고 있고 주관적 안녕감이 높은데, 이것은 자기 삶을 즐겁고 흥미로우며 만족스러운 것으로 평가하는 것이다(민경환 외 역, 2015). 다시 말해, 행복은 '정서'의 개념에 딱 떨어지지는 않지만, 인지보다는 정서에 가깝고 인지가 정서와 밀접한 관계가 있으므로 결국 인지의 변화가 중요하다. 부를 행복의 우선순위로 생각한 사람들이 그 목표를 실현하지 못하면 보다 우울해진다는 연구 결과가 있다. 이것은 목표 좌절의 문제라기보다는 목표를 이루지 못했다는 생각이 작용했을 가능성이 있다. 재미있는 것은 올림픽에서 은메달 수상자보다 동메달 수상자가 더 행복해한다는 연구 조사가 있는데, 은메달 수상자는 '좀 더 잘할 수 있었을 텐데.'라는 생각을 했고, 동메달 수상자는 '메달 못 딸 줄 알았는데 다행이다.'라고 생각했기 때문이라고 한다. 이처럼 어떤 생각을 하느냐가 '행복'에 영향을 미친다는 것을 알 수 있다.

합리적 정서행동치료

인지, 정서, 행동은 서로 상호작용하며, 그중에서 인지가 중심이다

합리적 정서행동상담은 알버트 엘리스(Albert Ellis) 박사에 의해
처음으로 창안되었다. 그는 인간을 이해하는 데 있어서 핵심을 이
루는 세 가지 영역이 있는데, 그 영역은 인지, 정서, 행동이라고 하
였다. 이 세 가지 영역인 인지, 정서, 행동은 서로 상호작용하면서
영향을 미치는데, 그 영역 중에서도 특히 인지가 중심이 되어 정서
와 행동에 영향을 미친다고 보았다.

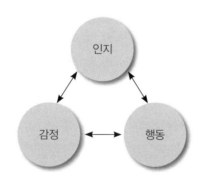

[그림 3-5] 인지 · 행동 · 감정의 상호작용

엘리스는 1993년에 '합리적 정서치료(Rational-Emotive Therapy:
RET)'에서 행동주의 원리를 추가하여 '합리적 정서행동치료(Rational
Emotive Behavior Therapy: REBT)로 용어를 바꾸었다.

◆ Albert Ellis(1913~2007)

합리적 정서행동치료(REBT)의 창시자로 1913년 9월 27일 펜실베이니아 주 피츠버그에서 2남 1녀 중 맏이로 태어났다. 어린 시절은 그다지 유복하지 않았으며, 그의 부모는 그가 12세 때 이혼을 하였다. 그 이후 그는 아버지를 거의 볼 수 없었으며, 어머니 또한 자녀 양육에 관심이 없었다고 한다.

어린 시절 건강상의 이유로 입원을 하거나 수술을 받은 경우가 많았으나, 이때도 부모로부터 적절한 보살핌을 받지 못했던 것으로 알려져 있다.

엘리스는 스스로를 수줍음이 많은 내성적인 아이였고 청소년기까지 자신의 수줍음에 대처해야 했으며 이런 경험들을 통해 독립성과 자율성을 기를 수 있었다고 한다.

행동주의자인 존 왓슨의 조건적 · 비조건적 공포 반응에 대한 실험을 통해 알게 된 이론들을 적용함으로써 자신의 공포증과 두려움을 극복할 수 있었다고 한다.

정신분석의 비과학적이고 수동적인 측면을 비판하기 시작하면서 1950년대에 「정신분석 기법에서의 새로운 접근(New approachs to psychotherapy techniques)」(Ellis, 1955a), 「정신이상자를 위한 심리치료 기법(Psychotherapy techniques for use with psychotics)」(1955b)이라는 두 편의 논문을 발표하였다.

1956년 미국 심리학회(APA)의 연차대회 때, 전문가들에게 처음으로 합리적 치료에 대해 발표하였고 1957년에 '합리적 심리치료와 개인 심리치료학'에 대해 첫 번째 논문을 발표하였다.

출처: 이동귀 역(2011).

<表 3-2> REBT의 비합리적 신념 세 가지

1. 나는 잘해야만 한다(I must do well).
2. 너는 나를 잘 대해야만 한다(You must treat me well).
3. 세상은 수월해야만 한다(The world must be easy).

인간은 스스로가 합리적이라고 생각하는 비합리적 존재이다

"당신은 합리적인가요?"

대부분은 뭐라고 대답할까? 엘리스에 의하면, 많은 사람은 스스로가 합리적인 존재라고 생각하고 다른 사람들도 자신처럼 생각하고 느낀다고 믿는다. 때로는 이런 생각들 때문에 갈등이 발생하기도 한다. "모든 여자는 키 큰 남자를 좋아한다." 혹은 "모든 남자는 마른 여자를 좋아한다."라고 가정할 때, 맞을 수도 있고 아닐 수도 있다. 이성에 대한 선호는 개개인의 취향에 따라 다르기 때문이다. 여성 중에 키가 큰 남자에게 별 매력을 못 느끼는 경우도 많고 남성 중에 의외로 통통한 체형을 좋아하는 사람도 많다. 이런 얘기를 해 주면 상당수는 자신의 생각과 다른 사람의 생각이 다르다는 것을 알고 놀라게 된다. 이렇게 스스로 지각하지 못하는 자신의 비합리적 사고, '나는 키가 작기 때문에 루저(loser)이다.'라는 생각은 열등감으로 이어지고 '최고가 아니면, 무능력한 것이다.'라는 생각은 죄책감을 불러일으키기기도 하고 그의 불안, 분노, 우울증과 같은 정서적인 문제의 근원이 된다.

엘리스는 인간의 신념을 '합리적 신념(rational beliefs)'과 '비합리적 신념(irrational beliefs)'으로 나누었다. 아울러 비합리적 신념은 비난으로 연결되어 있기 때문에 이러한 비난을 멈추게 하는 것에 상담

의 목적을 두어야 한다고 생각했다. 그는 인간의 문제행동은 감정에 의해서가 아니라 비합리적인 사고에 의해서 형성된다고 보았다.

앞서 필자는 '행복이 무엇인가?'에 대해 질문을 던졌다. 행동주의적 관점에서 행복이 웃음의 횟수와 관련이 있다고 보고 '웃음의 횟수를 늘리면 행복해진다.'라고 한다면 인지주의에서는 행복을 무엇이라고 정의할까? 적어도 행복하지 않은 이유가 무엇인지부터 살펴보려고 할 것이다. 즉, 그 사람이 행복하지 않은 이유는 다음과 같은 비합리적 신념에 근거한 것이라고 볼 수 있다.

다음은 엘리스가 말하는 비합리적 신념들의 예이다. 이를 통해서 우리가 가지고 있는 신념 중 합리적이지 못한 것이 많이 존재한다는 것을 알 수 있을 것이다.

① 나는 내가 아는 중요한 사람들 모두에게서 사랑받고 인정받아야 한다

이렇게 생각하는 사람들이 과연 있는지 의아해할 수 있지만, 의외로 이런 생각을 가지고 있는 사람이 많이 있다. 많은 사람에게 사랑받고 인정받아야만 가치 있는 존재라고 믿고, 이를 위해 자신보다 다른 사람의 입장을 먼저 고려하면서 자신을 희생하는 것이다.

그러나 알고 보면 그들이 배려라고 하는 부분은 실제 다른 사람들은 인식하지 못하거나 오히려 불편하게 생각하는 경우도 있다. 그들은 이런 타인의 반응에 상처받기 쉽다. 최근 우리나라에서도 베스트셀러가 되었던 기시미 이치로의『미움받을 용기』라는 책은 시사하는 바가 크다. 우리는 모두 사랑받을 가치가 있는 존재이지만, 모든 사람에게 사랑을 받아야만 가치가 있는 존재가 되는 것은 아니

다. 스스로를 사랑하는 방법을 배우는 것이 무엇보다 중요하다.

② 나는 모든 면에서 유능하고, 성취를 해야 가치 있는 존재가 된다

어떤 이들은 상담 장면에서 이렇게 말하곤 한다. "난 모든 걸 잘하고 싶다." 그래서 상담가가 "그 모든 것이 무엇이냐?"라고 물으면 대답을 잘 하지 못한다. "그냥, 두루두루… 잘하면 좋지요."라며 애매하고 두루뭉술한 대답을 하곤 한다. 왜 모든 걸 잘해야 하는지 그이유에 대해서는 의심하지 않은 채 그냥 모든 면에서 잘해야 한다는 것은 허상이다.

그리고 모든 걸 잘할 수도, 잘할 필요도 없다. 그렇다고 가치 있는 것도 아니고 가치가 없다고 할 수도 없다.

③ 원하는 일이 뜻대로 되지 않으면 끔찍한 파멸이 있을 뿐이다

세상에 살다 보면 원하는 일이 뜻대로 되지 않은 일이 사실상 더많다. 공무원 시험을 보기 위해 오랫동안 준비를 해 온 수험생이 있다고 하자. 최선을 다했지만, 높은 경쟁률을 뚫지 못해서 결국 낙방했다. 살인적인 경쟁률이 말해 주듯 최선이 결과를 보장하지 못한다. 많은 사람이 모두 열심히 최선을 다해도 합격자의 비율은 정해져 있다. 중요한 시험 때마다 "모두들 합격하시길 기원합니다."라는 응원의 말을 들으면 웃음이 난다. 합격 인원은 정해져 있는데 어떻게 모두 합격하라는 건지 의문이다.

현실은 우리가 추구하는 것과는 다르다. 이를 받아들이는 것이 중요하다. 그래야 새로운 미래가 열린다. 시험에는 떨어졌지만, 새로운 일을 찾아서 오히려 성공하는 케이스도 많다. 원하는 대로 일

이 풀리지 않는 경우가 더 많다. 그리고 최선을 다하되 결과는 하늘에 뜻에 맡기자.

④ 불행은 외부 사건에 의해서 생기는 것이며 사람의 힘으로는 통제할 수 없다

외부 사건, 특히 인간의 힘으로 통제할 수 없는 사건 사고들은 매일같이 일어나고 있다. 우리는 직간접적으로 이런 사건 사고를 접하고 있다. 그러나 같은 사건 사고라고 하더라도 이를 받아들이고 대응하는 것에는 개인차가 있다. 즉, 불행은 스스로가 주관적으로 경험하는 감정일 뿐이다.

이 책 14쪽에 소개한 20대 남자 내담자의 경우를 생각해 보자. 내담자의 어머니는 내담자가 어렸을 때 병으로 돌아가셨다. 어머니의 죽음은, 특히 어린아이에게 상상할 수 없을 정도의 충격과 고통을 줄 것이다. 어린아이에게 어머니의 존재는 하나의 세계이다. 그 세계가 무너졌다고 생각해 보라. 그 고통이 어느 정도일지 상상이 되는가? 이 정도의 사건은 일종의 '외상(trauma)'에 해당된다. 외상은 개인이 쉽게 떨쳐 버릴 수 있는 것이 아니다. 개인이 감당할 수 있는 범위를 훨씬 초과하기 때문에 그 외상에 압도되는 경우가 많다. 즉, 어린아이에게 엄마의 죽음은 너무나 충격적인 사건이며, 어떤 아이들은 그것이 자신 때문이라는 죄책감을 가질 수도 있다.

사람의 죽음과 같이 통제할 수 없는 상황이 벌어지고 그것이 자신과 관련되어 있다면 극심한 고통에 시달리는 것은 어쩔 수 없다. 그렇다고 모든 걸 포기할 것인가?

필자도 얼마 전 부친이 돌아가시는 불행한 일을 겪었다. 위독하

시다는 전화를 받고 달려갔을 때는 이미 늦었다. 눈물조차 나오지 않았고 믿기지 않는 현실에 망연자실할 뿐이었다. 마치 나의 일이 아닌 것처럼, 이전의 기억들이 주마등처럼 스쳐 갔다. 그러나 어쩔 수 없는 일이었다. 그러나 존재의 상실은 관계의 상실보다 오히려 쉽게 받아들여지는 경향이 있다. 인간의 생사는 누가 어떻게 할 수 없는 일이고 어쩔 수 없이 그 상황을 받아들일 수밖에 없다는 것이다. 죽음과 같은 불행한 사건들은 나의 의지와 상관없이 발생하지만, 앞으로 살아가면서 일어날 수많은 일 중 하나이기도 하다. 슬프긴 하지만, 그렇다고 좌절하고 있을 수만은 없다. 그럼에도 삶은 지속되기 때문이다. 신은 우리가 감당할 만큼의 고통만을 준다고 하지 않는가.

⑤ 인생에서 과거의 사건은 현재를 결정하며 과거의 영향은 사라질 수 없다

과거는 현재에 영향을 미친다. 어떤 이들은 과거, 특히 어린 시절의 경험을 강조하며 이 경험이 현재와 미래에 결정적이라고 보기도 한다. 그러나 '결정적'이라는 말에는 동의할 수가 없다. 영향을 미치는 것은 사실이지만 과거의 영향력에서 벗어날 수 없다는 것은 아니라는 의미이다. 상담을 받기 위해 온 많은 사람이 과거의 경험으로 인해 고통스러워하지만, 상담을 통해 더 나은 삶을 살아가는 경우를 본다. 인간은 과거를 통해 배우고, 건강한 사람은 그 과거에 갇히지 않고 이를 극복함으로써 보다 성숙한 인간으로 거듭난다.

어렸을 때 부모님의 이혼이나 가정불화 등으로 관계가 상실되어

고통스러워하는 사람이 많이 있다. 어떤 내담자들은 자신을 돌보지 않은 부모를 원망하며 "차라리 죽어버렸으면 좋겠다."라며 독설을 퍼부으며 괴로워한다. 그러나 평생 부모를 원망하면서 살기에는 인생이 아깝다. 인지치료 상담을 통해 스스로의 불합리하고 비합리적인 생각 '내 부모가 내 인생을 망쳤다. 그래서 내 미래는 불행하다.'는 식의 생각이 자신을 괴롭히고 있다는 것을 알게 되면서 변화하기 시작한다.

한 내담자는 상담이 끝나갈 즈음 이런 말을 했다. "더 이상 원망하면서 살고 싶지 않아요." "이젠 나 하고 싶은 거 하면서 살래요." 라고 하였다.

행복이 과거의 경험에서 비롯되고 자신이 아닌 타자 또는 외부환경에 의해 결정된다면, 우리는 어떻게 해 볼 방법이 없다. 그러나 행복이 지금 이 순간의 나 자신의 생각에서 비롯된다는 사실을 깨닫는다면, 더 이상 우리는 불필요하게 시간 낭비를 하지 않게 될 것이다.

⑥ 모든 문제에는 정답이 있는데 그것을 찾지 못하면 결과가 비참해진다

정답이 있는 문제가 있을 수도 있지만, 우리가 살아가면서 마주하게 되는 많은 일에는 정답이 없다는 것이 정답이다. 어떤 이들은 상담자에게 이런 모범 답안을 구체적으로 제시해 줄 것을 요구한다. 그렇지 않으면, 돌팔이라면서 상담자를 맹비난하기도 한다. 모범 답안이 있었으면 좋으련만, 우리는 많은 것 중에서 하나를 '선택'해야만 한다. 친구를 사귀는 일, 진로를 결정하고, 누군가와 결

혼하고 헤어지고, 자녀를 낳고 기르는 일 등등 일련의 생활 사건들에 어떤 정답이 존재하는가? 많은 정보가 쏟아져 나오지만, 때로는 너무 많은 정보가 우리 삶을 더 복잡하게만 만든다. 그래서 상담가들은 그런 모범 답안은 없으며, 선택은 내담자 스스로 하도록 한다. 상담자가 하라고 한다고 해서 그대로 따를 사람도 없다. 다만, 어떤 선택을 했을 경우 어떤 이득과 대가가 뒤따르는지에 대해 논의하며, 보다 나은 선택을 할 수 있도록 조력할 뿐이다.

⑦ 결국 나를 불행하게 만든 것은 발생한 사건이 아니라 내가 가지고 있는 생각이다

'행복'이라는 주제로 다시 환원해서, 인지주의자들은 행복도 결국 개인이 가지고 있는 생각이 좌우한다고 본다. 많은 사람은 일상적으로 일어나는 크고 작은 사건에 주목하며 이런 사건이 자신을 불행하게 만든다고 주장하지만, 이야기를 듣고 보면 그 사건을 해석하는 방식이 다른 사람들과 다르다는 것을 발견하게 된다.

REBT는 내담자가 겉으로 보여 주는 증상을 제거하기보다는 내담자가 가진 근본적인 신념 또는 가치체계를 검토하도록 함으로써 증상은 물론 인생관의 변화를 촉진하고 이를 통해 자신의 부적절한 정서를 적절한 정서로 바꾸도록 하는 데 목적이 있다. 즉, 내담자가 보여 주는 외적인 증상 제거에만 몰두하다 보면 근본적인 원인을 놓치는 경우가 발생한다.

　　스마트폰 중독에 걸린 여중생이 있다. 하루 종일 스마트폰을 만지작거리고 스마트폰이 없으면 불안증세를 보이는 이 학생의 부모는 증상을 없애기 위해서는 스마트폰을 없애는 쪽으로 결론을 내렸다면 이는 전혀 증상의 원인을 파악하지 못할 뿐더러 증상을 악화시키는 결과를 낳을 뿐이다. 이 학생의 가족 구성원들, 즉 부모와 학생 간의 소통이 부재하여 그녀는 스마트폰에 집착을 보이게 되었고 부모로부터 사랑받지 못한 것은 스스로 부족하고 열등하기 때문이라고 생각하고 있었다. 타인의 지지와 반응이 중요하기 때문에 사소한 것이라도 친구들의 반응에 민감하게 반응하게 되었던 것이다. 그래서 혹시라도 올지 모르는 친구들의 연락을 기다리고 이를 체크하다 보니 스마트폰을 손에서 떼지 못한 결과를 낳은 것이다. 따라서 이 경우는 스스로 부족하고 열등한 존재라는 생각에서 벗어나도록 해 주는 것이 필요하다.

　　REBT 이론을 이해하려면 ABC 모형에 대해 이해해야 한다. 선행사건 A(Activating Event)는 사실 또는 사건을 말한다. 결과 C(Consequence)는 그 사람의 정서적·행동적 결과 혹은 반응이다. 대개 선행사건 A가 정서반응에 영향을 미친다고 생각할 수 있지만, 사실은 A에 대한 그 사람의 신념인 B(Belief)가 주로 정서 반응인 C의 원인이 된다는 것이다. 그리고 내담자의 사고를 재교육하는 과정은 ABC 모형에 D, E가 추가된 ABCDE 원리에 따른다.

　　[그림 3-6] 모형처럼 정서적 결과(C)는 활성화시키는 사건(A)이 아니라 이를 매개하는 생각과 신념(B)에 달려 있는 경우가 많다. 이를 다음 예를 통해 보면 이해하기 쉬울 것이다.

　　최근 필자가 쓴 『영화 속 심리학 1, 2』가 출간된 이후 여기저기

[그림 3-6] ABC 모형

에서 강의 의뢰가 들어온다. 강의 의뢰가 들어오는 것은 반길 만한 일이지만, 문제는 심리학 전공자가 아닌 일반인을 대상으로 하는 강의이며, 그들의 연령대가 무척이나 다양해서 초점을 어디에 맞춰야 할지 잘 모를 때가 있고, 강의 주제도 다양해서 강의를 할 때마다 준비를 새롭게 해야 한다는 부담감이 있다. 특히, 강의 의뢰가 갑자기 다양한 지역, 특히 먼 지방에서 많이 들어오면 그 준비가 만만치 않다. 그러면 강의 준비에 대한 압박감이 밀려오면서 '강의를 잘해야만 한다.'는 생각 때문에 집중력이 흩어지는 경우가 종종 발생한다. 불안한 마음에 집 안을 서성이거나 멍하게 TV를 시청하면서도 마음은 불안하기 그지없다. '무엇 때문에 이렇게 불안하지?' 하면서 자기를 점검해 보면, 결국 '실수하면 안 된다. 강의를 완벽하게 해야 한다.'는 생각이 나를 지배하면서 결과적으로는 불안감이 상승하고 아무것도 못하고 TV만 보면서 시간 낭비만 하고 있는 것이다. 그럴 때는 나 자신과 타협을 해야 한다. 억지로 노트북 앞에 앉아 있어도 일에 집중이 되지 않는다면 일정 시간 스스로에게 휴식을 주고 새벽에 일어나 일을 하든지, 아니면 집중해서 일을 처리하고 기분 좋게 잠을 자든지 선택해야 한다. 그 선택은 그때그때 컨디션에 따라 달라질 수 있다. 중요한 것은 불안한 이유, 그로 인해 파생된 결과들의 원인이 무엇인지를 정확하게 파악하는 것이다. 적어도 원인을 안다면 그 해결책을 모색할 수 있다. 그리

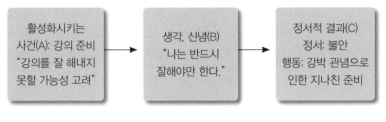

[그림 3-7] ABC 모형

내담자의 사고를 재교육하는 과정은 ABC 모형에 D, E가 추가된 ABCDE 원리에 따른다.

고 불안해하는 이유, '실수를 하면 끝장이다. 완벽하게 준비하지 않을 바에는 아무 소용이 없다.'는 식의 불합리한 생각을 교정할 필요가 있다.

〈표 3-3〉에 정리되어 있는 대로 A는 선행사건을, B는 사고 내지 신념을, C는 결과를 의미한다. 상담자는 내담자가 믿고 있는 비합리적인 신념을 논박을 통해 내담자의 생각에 도전하고 비합리적인 생각을 점검하도록 한다. 내담자가 '그런 생각을 하게 되는 근거는?' '그 생각이 얼마나 도움이 되는지?' 등을 따지도록 함으로써 보다 합리적인 생각을 도출하도록 돕는 것이다.

필자가 얼마 전 만난 내담자는 이런 말을 한다. 자신은 사람의 얼굴을 보면 그 사람의 생각을 알 수 있다고. 그래서 내가 그에게 물었다. "그러면 나는 무슨 생각을 하고 있는지 맞춰 보라." 그랬더니 내담자는 나를 뚫어지게 쳐다보았고 결국 그가 한 말은 "모르겠다."였다.

정답이다! 얼굴만 보고 사람의 생각을 어떻게 알 수 있는가? 그저 추론할 뿐이다. 그리고 추론은 추론일 뿐 명백한 근거 없이 단정 짓는 것은 위험하다.

〈표 3-3〉 ABCDE 설명

- A(Activating events, 선행사건)
  내담자가 노출되었던 실제 사실 또는 사건, 행동을 의미한다. 예를 들면, 낙방, 실직, 중요한 사람과의 결별 등을 들 수 있다.

- B(Belief, 사고 또는 신념)
  A(문제 사건)에 대한 내담자의 관념 또는 신념, 어떤 사건이나 행동 등과 같은 환경적 자극에 대해 각 개인이 갖게 되는 생각으로 C(결과)의 원인이 된다.

- C(Consequences, 결과)
  내담자가 A(사건) 때문이라고 말하면서 나타내는 정서적 행동적 결과 또는 선행사건에 대한 개인의 정서적 반응이다. 예를 들면, 비합리적 사고의 결과 느끼는 불안, 원망, 비판, 죄책감 등을 들 수 있다.

- D(Dispute, 논박)
  내담자의 비합리적 신념을 바꾸도록 내담자의 생각에 도전하고 그 논리들이 사리에 맞고 합리적인지 다시 생각하도록 하기 위한 상담자의 논박을 말한다.

- E(Effect, 효과)
  내담자가 자기 파괴적인 생각에서 벗어나 보다 합리적인 사고와 현실적인 측면, 자신과 타인에 대해 보다 폭넓은 수용 및 긍정적인 감정을 느끼게 되는 단계이다.

REBT의 상담기법

REBT는 비합리적 신념의 변화를 위해 인지적 · 정서적 · 행동적인 기법을 사용한다. REBT의 기본적인 기법은 적극적–지시적 교수법으로서, 다음과 같은 인지적 · 행동적 기법을 내담자 개개인에 맞추어 다양하게 사용한다.

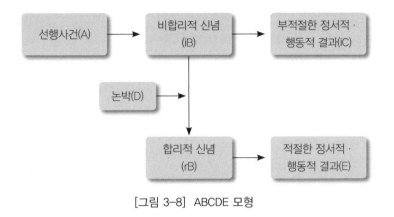

```
선행사건(A)  →  비합리적 신념      →   부적절한 정서적·
                (iB)                   행동적 결과(iC)

                  ↓

논박(D)    →

              합리적 신념         →   적절한 정서적·
                (rB)                   행동적 결과(E)
```

[그림 3-8] ABCDE 모형

비합리적 신념에 대해 논박하기

내담자가 가지고 있는 비합리적 신념, 이를테면 "사람 얼굴만 보고도 그 사람의 생각을 읽을 수 있다."라는 것에 대해 논리적으로 논박("그 근거는?")을 할 수 있다. 논박은 REBT 기법 중 가장 잘 알려져 있는 기법 중 하나이며, 내담자가 가지고 있는 신념이 얼마나 유용하고 합리적인지, 즉 경직되지 않고 현실적인 융통성이 있는지를 스스로 평가할 수 있도록 돕는 적극적인 기법이다.

어떤 내담자가 자신의 전화를 받지 않는 친구에 대해 자신을 무시한다고 생각하며 분노감을 표출한 적이 있다. 상담자는 그 내담자의 비합리적 신념에 대해 다음과 같이 논박할 수 있다. 친구에게 사정이 있어서 안 받는 것인지, 친구가 자신을 무시할 이유가 있는지 등의 이유를 점검해 본다.

논박에는 논리적·경험적·실용적 논박이 있고, 구조화된 논박은 엘리스가 만든 비합리적 신념에 대한 구조화된 논박을 사용할 수 있는 활동지들이다. 그는 합리적정서치료연구소에서 RET 자조

• (A) 내가 정서적으로 불안하거나 자기 패배적으로 행동하기 바로 전에 일어난 선행사건, 사고 혹은 감정: (　　　　　　　　　　　　　　　)		
• (B) 결과 혹은 조건/내가 만들어내며 또한 변화되기를 원하는 혼란된 감정 혹은 자기 패배적 행동: (　　　　　　　　　　　　　　)		
(B) 결과(정서적 불안 혹은 자기 패배적인 행동)로 이끄는 신념-비합리적 신념(iBs) ※ 위의 선행사건(A)에 부합하는 모든 것에 동그라미 하시오.	(D) 동그라미 친 각각의 비합리적 신념(iB)에 대해 논박(예: "왜 나는 매우 잘해야만 하는가?" "내가 나쁜 사람이라는 것이 어디에 쓰여 있는가?" "내가 칭찬받고 인정받아야 한다는 증거가 어디에 있는가?"	(E) 나의 비합리적 신념(iBs)을 대체할 효과적인 합리적 신념(RBs) (예: "나는 매우 잘하는 것이 더 좋지만 꼭 그래야만 하는 것은 아니다." "나는 잘못 행동할 수 있는 사람이지 나쁜 사람이 아니다." "칭찬받고 싶긴 하지만 내가 칭찬받아야 한다는 증거는 없다."
1. 나는 잘해야 하거나 혹은 매우 잘해야만 한다. 2. 내가 어설프고 멍청하게 행동하면 나쁘거나 가치 없는 사람이다. 3. 나는 중요하다고 생각하는 사람으로부터 칭찬받거나 인정받아야만 한다. 4. 내가 거부된다면 나는 나쁘고 사랑받을 만하지 않은 사람이다.		

[그림 3-9] RET 자조(self-help) 양식

출처: 이동귀 역(2011).

(Self-help) 양식을 일상적으로 이용할 수 있도록 하였다. 논박을 통해 내담자의 생각이나 신념을 점검하고, 합리적인 자기말을 통해 보다 적응적인 자기말로 전환시킬 필요가 있다. 합리적 대처말

〈표 3-4〉 논박의 예

- "그가 당신에게 보다 정중하게 행동하면 좋겠지만, 그가 반드시 그런 호의적인 행동을 해야 할 의무가 있는 것은 아니죠."(논리적 논박)
- "그런 생각을 뒷받침할 만한 근거는 어디에 있습니까?"(경험적 논박)
- "만약 계속해서 1등을 해야 한다고 생각할 경우, 1등을 하지 못한다면 무슨 일이 일어날까요?"(실용적 논박)

(Rational coping statements)은 보통 논박을 설득력 있게 진행시키고 모두에 적용하는 일종의 자기말(Self-statement)이지만, 때로는 내담자의 신념을 탐색하는 과정 중에도 적용될 수 있다. 합리적 대처말은 내담자에게 용기를 불어넣는 말로서 사회적 현실에 부합하는 내용으로 이루어진다. 내담자는 이 말을 스스로에게 반복함으로써 그런 생각을 스스로에게 강화시킨다.

정서적으로 표현하고 경험하도록 돕기

내담자가 자신의 감정을 솔직하게 표현하도록 하고, 정서적 모험을 경험함으로써 자신을 개방하도록 도와주려는 것으로 상담의 초기 단계나 과정 중 어느 단계에서든지 활동할 수 있다.

또한 정서적 기법은 인지적 개입을 보완하고 강화하며 인지적 기법을 통해 얻은 긍정적 변화를 좀 더 활성화하는 것에 중점을 둔다.

• 무조건적 수용

다른 상담치료 기법과 마찬가지로 엘리스도 내담자를 무조건적으로 수용해야 한다고 주장한다. 무조건적 수용은 상담자가 가져야 할 기본 덕목이며, 상담의 필수 요건이다. 상담자는 내담자를 평가해서는 안 되고 있는 그대로의 모습을 수용해 주어야 한다. 이를 통해 내담자 스스로 자신의 오류와 결점을 수용하도록 도울 수 있다는 것이다. 영화 〈패치 아담스〉에 등장하는 정신과 의사나 〈성실한 나라의 앨리스〉에 나오는 상담사는 매우 불수용적인 태도를 보여 준다. 정신과 의사는 환자의 이야기에 집중하지 않고 사무적으로 대하고 상담사는 심지어 우는 내담자에게 '감정을 추스릴 것'을 강요한다. 상담가가 절대 해서는 안되는 행동을 보여 준 것이다. 자신을 수용해 주지 않는 상담자에게 어떤 이야기를 할 수 있겠는가. 그러나 필요에 따라 내담자가 불쾌하게 생각하는 행동에 초점을 둘 수 있다. 그러나 내담자가 무시당한다고 느끼게 해서는 안

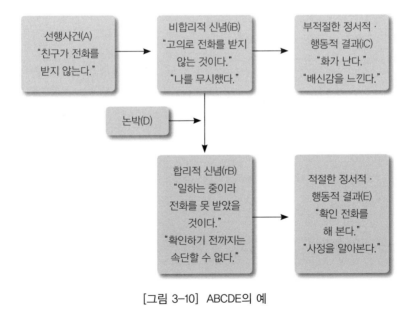

[그림 3-10] ABCDE의 예

되고, 내담자가 잘못을 했다 하더라도 자책하도록 만들지 말아야
한다.

• 치료자의 자기 개방

치료자의 적절한 자기 개방은 내담자에게 정서적으로 영향을 주
어 치료에 효과적일 수 있다. 필자도 필요한 경우 내담자에게 필자
가 경험한 바를 이야기하고 설명을 해 주는 경우가 종종 있다. 이는
내담자의 이해를 돕고 긴장감 등을 경감시키는 데 도움이 된다. 필
자가 경험했던 이야기를 하면, 내담자들은 신기해하기도 하고 자
신과 별반 다를 바가 없음을 깨달으면서 스스로를 심하게 자책할
필요가 없다는 것을 간접적으로 깨닫게 된다.

또한 다른 사람의 예를 드는 것보다는 치료자 자신이 경험한 바
를 솔직하게 이야기하는 것이 훨씬 더 내담자에게 진정성 있게 다
가갈 것이다. 이런 경험을 어떻게 적용할지에 대해서 설명하는 것
도 흥미를 유발한다. 다만, 치료자의 자기 개방은 내담자를 돕기
위한 것이라는 것을 잊어서는 안 된다. 즉, 너무 많은 시간을 치료
자가 자신의 이야기로 할애해서는 안 된다. 내담자는 비싼 돈을
내고 치료자의 개인사나 강의를 듣기 위해서 온 것이 아니기 때문
이다.

• 유머 사용

"모든 농담은 하나의 작은 혁명이다."라는 말처럼 사람들은 어떤
대상을 지각하는 데 있어서 인지적 전환(cognitive shift)에 대한 반
응으로 유머를 경험한다고 한다. 예를 들어, "어떤 사람이 물에 빠

져 죽지 않게 하려면?" 이라는 질문에 "물에 빠지기 전에 총을 쏴." 라고 대답했다면 이 유머는 생명을 구하는 것이 아닌 죽는 방법을 바꾸는 것으로 인지적 초점을 전환하여 웃음을 주고 있다.

유머는 승화와 함께 성숙한 방어기제 중 하나이다. 즉, 바람직하지 못한 욕구나 충동을 사회적으로 바람직한 형태로 표출하는 것이기 때문이다. 또한 유머는 내담자의 불안을 해소하는 데 도움이 된다. 유머를 통해 웃음이 유발되고 일단 한번 웃게 되면 긴장감이 확연하게 감소되는 것을 느낄 것이다. 엘리스는 상담 시 과장된 용어를 사용하고 내담자의 비합리적 모순을 익살스럽게 표현함으로써 내담자의 모순적인 측면을 스스로 인식하게 한다. 그는 유머스러운 노래를 통해 비합리적 신념에 도전하는 데 사용했다고 한다.

행동적 기법을 통해 실제로 행동 및 정서적 변화 도모하기

행동적 상담기법에는 조작적, 도구적 조건화, 체계적 둔감법, 자기관리, 바이오피드백, 이완훈련, 주장훈련 등이 있다. 행동적 상담에서는 내담자의 행동의 변화에만 초점을 맞추는 반면, REBT에서는 행동적 기법을 통해 행동뿐 아니라 정서적 변화에 초점을 두며 인지적 개입으로부터 얻어진 성과물을 더욱 강화하기 위해서 사용된다.

• 수치심 깨기 연습(Shame Atlaeking Exercises)

수치심 깨기 연습은 엘리스가 그의 책 『Better, Deeper, and More Enduring Brief Therapy』(1996)에서 소개하였다.

내담자는 공적인 장소에서 위험하지는 않지만 다소 이상한 행동을 하도록 촉구받는다. 내담자가 다른 사람의 비난을 과도하게 받아들이지 않도록 하고, 실수를 하거나 창피한 행동을 한다 하더라도 스스로를 수용하도록 하는 기회를 제공하는 것이 목적이다. 이런 경험을 통해 내담자는 자신이 바보같은 행동을 하더라도 다른 이들이 생각보다 이상하게 여기지 않는다는 것과 때로는 재미있게 생각한다는 사실을 알게 된다. 심각한 음치였던 사람이 대중 앞에서 노래를 하고 나서 사람들이 싫어하기는커녕 오히려 즐거워한다는 사실을 알고 불안이 감소된 경우도 있고, 심지어 이런 음치들을 대상으로 한 TV 프로그램도 생겼다. 필자의 경우 사회 불안이 심해서 직장생활을 하면서도 사람들이 모여 있으면 당황하여 넘어지거나 실수를 하는 경우가 종종 있었는데 사람들은 그런 얼빠진 행동을 재미있어했던 것 같다. 그리고 뭔가 도움을 주어야겠다는 생각이 들었다고 한다.

길 가던 사람에게 "실례합니다. 제가 방금 정신병원에서 나왔는데요, 지금이 몇 년도인가요?"라고 질문을 해 보라. 사람들은 키득키득 웃으며 재미있어할 것이다.

• 어려운 상황에 머물기('거기에 머물기')

내담자가 힘들어하는 상황에 머물도록 하는 개입으로 '둔감화'의 일종이다.

그리거와 보이드(Grieger & Boyd, 1980)에 의해서 발전된 이 기법은 어떤 상황에 처했을 때 불편함을 절대로 참을 수 없을 것이라는 내담자의 신념을 논박하면서 불편하게 경험되었던 상황에 머물도록 한다. 그럼으로써 그 상황을 견디고 극복할 수 있는 방법을 배울 기회를 준다. 즉, 불편하긴 하지만 그 상황을 감당할 수 있다는 확신을 갖게 된다.

예를 들면, 자신을 싫어한다고 생각되는 사람과 오랜 시간 같이 있기, 많은 사람이 있는 장소에 가길 두려워하는 사람에게 일정 시간 그러한 장소에 머물도록 하기 등이다.

• 보상과 벌의 사용

'보상'과 '벌'은 행동치료에서 가장 많이 활용되는 기법들이다. 내담자가 과제를 잘 수행하도록 하기 위해서 개인적으로 의미 있는 보상과 벌을 정하고 사용하도록 제안한다. 내담자가 특정 과제 활동을 완수한 후에 좋아하는 물건이나 활동으로 자신에게 보상하도록 하게 하는 것이다. 그렇지 못할 경우에는 자신에게 불쾌하고 기분 나쁜 종류의 벌을 준다. 보상과 벌은 과제를 수행하는 데 매우 유용하다. 보상은 강화의 의미로 어떤 행동의 빈도를 증가시키는 데 기여하며, 벌은 어떤 행동을 감소시키는 데 기여한다. 예를 들어, 과제를 잘 완수했을 때는 쉬면서 좋아하는 영화를 보는 것은 일종의 보상(강화)이며, 반대로 과제를 완수하지 못했을 경우에는 청소하기를 하는 행위는 벌에 해당한다고 볼 수 있다.

아론 벡의 인지치료

우울증(정서장애)은 인지적 왜곡 때문에 일어난다

[그림 3-11]을 보고 당신은 어떤 생각을 했는가? 어떤 사람은 창문을 열고 밖을 바라본다고 생각할 수 있고, 어떤 사람은 창문을 열고 뛰어내려 죽으려고 한다고 생각할 수 있다. 같은 그림이지만, 그 그림을 해석하는 것은 사람마다 다르다. 즉, 사람에 따라 세상을 바라보고 해석하는 것은 전혀 다를 수 있고 각자마다 해석하는 방식에 따라 느끼는 감정이나 행동양식도 달라질 수밖에 없다.

엘리스의 REBT와 더불어 같이 발전해 온 치료가 있는데, 바로

[그림 3-11] 창문을 열고 밖을 바라보는 사람의 뒷모습

아론 벡에 의해 개발된 '인지치료(Cognitive Therapy: CT)'이다. 인지치료는 다양한 정신과적 장애(예: 우울, 불안, 공포, 통증 등)를 다루는 데 사용되는 적극적이고 지시적이며, 시간 제한적이고 구조화된 접근이다. 인지치료는 개인의 정서와 행동은 주로 그가 세계를 구조화하는 방식에 의해 결정된다는 이론적 근거에 기초하고 있다(Beck, 1967, 1976). 사람들의 인지[의식의 흐름 가운데 있는 언어적 혹은 심상적 '사상(事象)']는 과거 경험으로부터 발생된 어떤 태도나 가정(인지도식)에 기초한다(원호택 역, 2014).

이 치료의 목표는 내담자가 당면한 현재의 문제를 해결하고 역기능적인 사고(dysfunctional thought)와 행동을 수정하는 데 있다. 1960년대 초에 개발된 이후 벡과 동료들은 매우 다양한 정신과정 장애를 지닌 집단에 이 치료를 성공적으로 적용해 왔다(Freeman & Dattilio, 1992; Freeman et al., 1989; Scott et al., 1989; 최영희, 이정흠 역, 2007).

인지치료에 앞서 엘리스의 RET가 먼저 개발되었으나, 두 치료는 서로 간 독자적으로 개발되었다. 두 치료 개념이 유사점이 많은데, 벡과 앨리스는 서로 의견을 교환하면서도 자신만의 치료법을 발전시켰다.

인지치료에서 말하는 인지모델(cognitive model)은 모든 심리적인 장애에서 왜곡되고 역기능적인 사고가 공통적이며, 이러한 역기능적인 사고는 환자의 기분과 행동에 영향을 미친다고 가정한다. 따라서 사고에 대한 현실적인 평가와 수정은 기분과 행동의 호전을 가져오며, 지속적인 호전을 위해서는 환자에게 내재하는 역기능적인 믿음의 수정이 필요하다고 가정한다(최정희, 이정흠, 1997).

◆ Aaron Temkin Beck(1921~)

- 벡은 세계적으로 널리 사용되는 심리치료인 인지
치료(Cognitive Therapy: CT)의 창시자로 인간의
행동과 정신병리를 동기나 본능보다 정보처리의
관점에서 설명하는 모델에 근거하고 있다.
- 벡의 인지치료는 심리적 장애가 적어도 부분적으
로, 개인이 경험을 어떻게 구성하느냐에 의해 생
겨난다고 가정하는 다양한 인지적 치료법 중의 하나이다.
- 그는 문학과 교육을 중시하는 가정에서 주관이 뚜렷하고 정치적 관심
이 많은 부모에 의해 양육되었다.
- 그는 다섯 명의 자녀 중 막내로 태어났고 형제 중 두 명은 아동기에
사망하였다. 이로 인해 그의 어머니는 우울증을 앓았고 벡은 과잉보
호되었다.
- 그는 어렸을 때 죽을 고비를 넘기며 불안과 공포를 경험하였고, 버림
받음, 대중 강연, 높은 곳에 대한 공포 등이 있었다고 고백하기도 하
였다.

출처: 권석만 역(2010).

벡은 우울증의 발생을 '인지적 취약성–스트레스 모형(Cognitive
Diathesis–Stress Model)'에 근거하여 설명하고 있다. 이 모형은 인지적
으로 취약한 사람에게 부정적 생활 사건과 같은 스트레스가 발생했
을 때, 우울증과 같은 심리적 장애가 발생한다고 보는 관점이다.

벡은 이러한 인지적 취약성[3]을 인지도식의 개념으로 설명하고

---

3) 우울증에 대한 인지적 취약성: 우울증 유발을 쉽게 하는 생물학적 취약성이 있듯이

있다. 인지도식이란 한 개인이 주변 자극을 선택적으로 받아들이고 자극의 의미를 해석하며 자신의 경험을 나름대로 체계화하는 인지적인 틀을 의미한다. 심리적 장애를 경험하는 사람들은 어린 시절의 경험에 의해 특정한 내용의 인지도식을 형성한다. 부정적인 생활사건에 부딪히면서 그 사건의 의미를 특정한 방향으로 왜곡하여 해석하게 되고 결과적으로 심리적 장애를 야기하게 된다는 것이다(김채순, 2012).

벡에 의하면, 인간의 우울과 같은 정서장애는 인지적 왜곡(cognitive distortion)에 의해서 일어나며, 이런 인지적 왜곡은 자기 자신과 기대되는 행동의 결과를 부정적으로 인식하게 만든다는 것이다. 즉, 우울증 환자의 정서적 장애는 개인이 자신의 경험을 인지 구조화(schema)하는 방식에 의해 결정된다.

바람에 나뭇가지가 흔들리는 것이 아니라, 나뭇가지를 바라보는 마음이 흔들리는 것이다

인지치료에서 우울증은 우울한 사람이 왜곡된 정보처리 방식, 즉 정보를 받아들이고 이를 처리하는 방식에 문제가 있어 발생한다고 본다. 이들은 자신과 미래, 세상에 대해 일관되게 부정적인 관점을 가지고 있는 경우가 많고, 이러한 인지 내용과 인지 과정이 우울증의 행동적·정서적·동기적 증상의 기저에 있다고 보는 것이다.

인지적인 취약성이 존재한다. 구체적으로 말하면 이러한 취약성은 자신, 개인 주변 세계, 그리고 미래에 대한 부정적인 견해를 포함하는 인지도식을 뜻한다. 이러한 신념들은 절대적이고, 인생 경험을 통해 학습된 것이며, 강렬한 감정과 연결되어 있다. "나는 무가치하다." "나는 사랑받을 수 없는 사람이다." "나는 무기력하다."라는 믿음이 우울 유발적 신념의 예라고 할 수 있다(권석만 역, 2010).

이 책 14쪽의 사례인 우울한 20대 내담자는 자기 자신, 미래, 세상에 대해 어떤 생각을 가지고 있을까? 심리검사 중 문장완성검사(SCT)를 살펴보면 이런 사람들이 반응한 내용은 대체로 비슷하다.

문장완성검사는 미완성된 문장이 주어지고 나머지 문장을 피검자가 완성하도록 되어 있는 일종의 투사적 검사이다. 예를 들면, 나의 미래는 (어둡다), 내가 할 수 있는 일은 (없다), 우리 어머니는 (사랑했지만, 지금은 없다), 우리 아버지는 (때로는 좋으시지만, 가끔 무섭다) 등의 대답을 했다면, 그가 가지고 있는 자기 개념과 부모님에 대한 기억 모두 부정적이고 암울하다는 것을 엿볼 수 있다. 이런 생각으로 가득 차 있는 사람이 즐거울 수 없고 즐겁지 않으니 행복하지 않은 것이다.

인지치료 과정에서는 이렇게 우울증 내담자가 보고하는 자기, 미래, 세상에 대한 관점과 관련한 신념들을 탐색하게 되는데, 이 세 영역을 '인지 삼제(cognitive triad)'라고 한다. 외현적 증상과 신념 간의 유사한 관계는 다른 장애에서도 작용되는데, 불안장애 환자의 경우 주로 미래에 일어날 수 있는 재앙이나 불편감과 관련된 불안 상태의 인지적 측면에서의 문제가 두드러진다.

개인들은 자신의 인지구조에 따라 특정 자극에 선택적으로 주의를 기울이고 반응한다

우리가 처하는 모든 상황은 다양한 자극들로 구성되어 있음에도 각 개인들은 오랫동안 형성해 온 자신의 인지구조에 따라 특정 자극에만 선택적으로 주의를 기울여 반응하게 된다. 이때의 인지구조를 도식이라 한다. 이렇게 선택적으로 취사선택된 자극들이 모여 도식은 점점 더 굳어지고 단단해진다. 도식은 안정적인 인지패턴으로 유사한 상황을 일정하게 해석하는 경향성이다. 벡은 처음에는 켈리의 '구성개념(constructs)'이라는 용어를 사용했으나 인지구조를 지칭하기 위해 '인지도식(schema)'이라는 용어를 사용하였다. 이 '도식'의 개념은 원래 발달심리학자 피아제(Piaget) 등에 의해 소개된 개념이다.

도식은 사전적 의미로는 사물의 구조, 관계, 변화 상태 등을 일정한 양식으로 나타낸 그림이나 양식을 말한다. 이런 그림이나 양식을 어떤 대상에 대해 갖는다고 설정해 보자. 예를 들어, '개'에 대해서 우리는 어떤 도식을 가지고 있는가? 먼저 '개' 하면 다리가 네 개이면서 "멍멍" 짖기도 하고 꼬리를 살랑살랑 흔들면서 주인을 따라다니는 그 어떤 모습이 머릿속에 그려질 것이다. 그것이 '개' 하면 떠오르는 일반적인 '도식'이다. 그러나 우리가 이렇게 머릿속에 그리는 개의 도식은 전체적인 개라는 이미지이며 개의 보편적인 특징이다. 이런 발달심리학의 '도식'의 개념을 벡이 받아들여 인지치료에 활용한 것은 흥미롭다. 이런 도식은 이전의 경험들로 인해 형성되는데, 특정 대상에 대한 경험, 타인이 겪는 경험의 관찰, 그 대상에 대한 타인과의 대화 등에 의해서도 영향을 받는다.

'개' 하면 떠오르는 것은?

여러분은 '개' 하면 어떤 모습이 떠오르는가? 충직한 모습, 귀여운 모습, 또는 사나운 모습 등등 다양한 이미지가 떠오를 것이고, 이는 개개인에 따라 다를 수 있다.

필자는 강아지를 무척이나 좋아한다. 강아지뿐 아니라, 벌레를 제외한 움직이는 대부분의 것들을 좋아한다. 그런데 필자의 어머니는 동물, 특히 강아지를 싫어하셨다. 그 이유인즉슨 어렸을 때의 경험 때문이었다. 주전자를 들고 심부름을 가던 중이었는데, 난데없이 큰 개가 쫓아오더라는 것이다. 그래서 어린아이였던 어머니는 "엄마야, 나 살려라!" 하고 도망치기 시작했고, 이런 행동이 그 개를

"개는 사납다." (도식)

• 경험: 개가 쫓아와 피하려다가 넘어짐

+

• 타인의 경험 관찰: 다른 사람이 개에게 물리는 상황 목격

+

• 타인과의 대화: "개를 조심해라. 잘못하면 물릴 수 있다."라는
어머니나 주변 사람들의 말

"개는 무섭고 사나운 동물이다."

[그림 3-12] '개' 하면 떠오르는 것은?

더욱 자극했던 모양이다. 급기야 개가 어머니에게 달려들어 어머니는 넘어졌고 넘어지면서 주전자 주둥이에 치아가 손상되는 큰 사고가 발생했다. 그 이후 필자의 어머니는 개와 비슷한 것만 봐도 너무 무섭고 깜짝 놀라게 되었다고 하신다. 어렸을 때의 강렬한 경험은 기억 속에 오래 자리 잡는다. 그리고 이 기억은 '개는 사납다.' '옆집 순이가 개한테 물렸다.' 등의 직간접적인 경험과 연합되어 점점 더 굳어져 '개는 사납고 무서운 동물' 그래서 '가까이 하면 안 되는 동물'로 머릿속에 각인되어 버린 것이다. 이처럼 도식은 시간이 지날수록 점점 더 단단한 구조로 만들어지기에 엘리스의 '비합리적 신념'보다 강력하다고 할 수 있다.

인간은 어린 시절부터 자신과 타인 및 세상에 대한 믿음을 형성해 나간다

사람들은 어린 시절부터 자신과 타인 및 세상에 대한 믿음을 형성해 간다. 발달심리학자인 보울비(John Bowlby)는 '애착'이 형성되는 과정에서 '내적 작동 모델'이라는 개념을 설명하였다. 애착은 어린 유아가 중요한 애착 대상과 맺는 심리적인 유대감을 말하는데, 이 과정에서 유아는 내적 작동 모델을 형성한다. 이 내적 작동 모델은 자신과 타인 그리고 세상을 이해하는 하나의 틀로서 작용한다.

최근에는 이런 보울비의 이론을 받아들여 대인 관계에서의 인지 도식을 중요시하고 있다. 치료 장면에서도 치료적 한계 내에서 안전한 근거지를 제공함으로써 내담자가 타인과의 교류를 탐색할 수 있도록 돕는 데 활용된다.

즉, 유아가 중요 양육자와 긴밀하고도 안정적인 유대감을 형성한

<표 3-5> 벡의 이론적 공헌

벡의 이론적 공헌은 첫째, 현상학적 관점과 정보처리 모델에 근거하여 인간의 행동을 설명한 점, 둘째, 인지적·행동적·정서적 변화를 유발하는 방법들을 개발한 점, 셋째, 검증 가능한 심리치료 이론을 제시한 점이다. 그는 인간의 행동을 정상적인 것과 병적인 것으로 구분하지 않고 연속적인 것으로 보았으며, 진화론적 이론체계를 적용하여 증상을 포함한 모든 행동을 적응이라는 맥락 속에서 이해하고자 했다.

현상학적 관점

벡의 가장 큰 이론적 공헌은 개인적인 내면적 경험을 과학적 연구의 영역으로 다시 가져왔다는 점이다. 이것은 주된 이론적 초점을 행동주의의 환경적 결정론으로부터 내면적 결정론, 즉 현상학적 접근으로 전환시킨 것이다. 정신분석 모델과 달리, 이러한 결정론은 생물학적 추동이나 무의식적 동기에 근거하기보다 개인이 자신의 경험을 어떻게 구성하는지에 바탕을 두고 있다.

정보처리 모델

인간은 환경으로부터 단서를 포착해 삶을 향상시키는 방식으로 반응한다. 따라서 우리는 환경에 적응하기 위해 대응방법을 모색할 뿐 아니라 사건을 지각하고 해석하며 그에 의미를 부여한다. 이러한 인지적 평가에 의해서 정서적·행동적 반응은 많은 영향을 받는다.

정보처리 패러다임은 위계적으로 이루어져 있는 인지적 구조뿐 아니라 적절한 정보를 선택적으로 받아들이거나 걸러내는 인지적 기제를 가정하고 있다.

정신병리 모델

일단 촉발되어 활성화되면, 인지도식은 매우 활발한 상태가 되어 강렬한 감정을 수반한다. 자동적 사고는 인지도식의 내용이 표현된 것으로서 우리의 의식에 확산된다. 인지적 왜곡은 환경적 정보를 편향적으로 선택하고 통합하는 것으로서 인지도식을 지속시키고 강화하는 기능을 한다. 이렇게 인지도식이 활성화되면, 사고는 더 경직되고 판단은 더 당위적인 성향을 띠게 된다. 아울러 기억과 회상의 어려움과 같은 인지적 결함으로 인해 추론 과정이 방해를 받는다.

인지도식은 어린 시절의 학습 경험에 의해 형성된다. 인지도식은 매우 개인적인 것이지만, 같은 장애를 지닌 경우에는 공통적인 면이 있다. 예컨대, 우울증을 유발하는 인지도식은 흔히 결핍, 패배, 상실, 무가치의 주제를 포함한다. 불안장애에 공통적인 인지도식은 위험이나 위협의 주제를 반영한다.

출처: 권석만 역(2010).

다면, 이 유아는 긍정적이면서 안정적으로 자신과 타인, 세상에 대한 이해의 틀을 갖게 될 것이다. 이렇게 사람들은 어려서부터 자신이 경험한 바로부터 믿음을 형성하는데, 이는 자연스러운 현상이다. 벡은 이런 믿음에는 핵심 믿음과 중간 믿음이 있다고 보았다.

핵심 믿음(core belief)은 자신과 타인, 세상에 대한 근본적인 믿음이다. 많은 사람은 이러한 믿음을 당연한 것으로 여기고 절대적인 진리로 받아들인다. 그것은 모든 영역에 영향을 미치고 경직되어 있으며, 일반화되어 있다. 이 핵심 믿음은 중간 믿음에 영향을 미치며, 중간 믿음은 태도, 규칙, 가정들로 구성되어 있고, 역기능적 가정으로 핵심 믿음과 자동적 사고의 사이에서 가교 역할을 한다. 핵심 믿음이 중간 믿음에 영향을 주고 중간 믿음은 자동적 사고에 영향을 미친다. 또한 핵심 믿음에서 자동적 사고로 올라갈수록 보다 구체화되고 접근 가능하며 변화가 용이하다(〈표 3-6〉 참조).

자동적 사고는 그 사람의 마음속을 스쳐 가는 단어나 영상 등으로 인지의 가장 표면적인 수준에 위치한다. 즉, 핵심 믿음이나 중간 믿음보다는 의식화되기가 쉽다.

이러한 믿음들은 그 사람이 세상을 이해하는 데 영향을 주며, 그것은 또다시 그 사람이 어떻게 생각하고 느끼고 행동하는가에 영향을 준다.

〈표 3-6〉 인지수준 모형

역기능적 자동적 사고
'사람들은 나를 바보로 생각할 것이다.' '나는 실패했다. 그녀는 나를 싫어할 것이다.'

⇧

중간 믿음
'사람들이 내가 쓸모없는 인간이라는 사실을 알게 된다면, 나를 거부할 것이다.' '나는 모든 것을 잘해야 하고, 그렇지 않다면 쓸모없는 존재가 될 것이다.'

⇧

핵심 믿음
'사랑받지 못한다면, 나는 쓸모가 없다.'

구체적 / 접근가능 용이 / 변화 용이

일반적 / 접근가능 어려움 / 변화 어려움

앞서 말했듯이 사람들은 생애 초기부터 자신의 환경을 이해하려고 하며 적응적으로 기능하면서 살아가기 위해서는 자신의 경험을 적절히 조직화할 필요가 있다. 그리고 세상이나 다른 사람들과의 상호작용을 통하여 사람들은 어떤 이해나 학습, 즉 믿음을 형성하게 된다. 중요한 점은 이런 과정 속에서 부정적이고 역기능적인 믿음이 잘못 형성될 수 있지만, 이 역기능적 믿음은 바뀔 수 있으며, 치료를 통해 보다 현실적이고 기능적인 새로운 믿음이 형성되고 학습될 수 있다. 많은 내담자가 어린 시절의 경험을 통해서 형성된 잘못된 믿음으로 인해 현재의 삶에서 어려움을 겪는 경우가 많다.

어려서 부모에게 사랑을 받기 위해서는 부모를 기쁘게 해야만 한다고 생각하는 경우 자신이 원치도 않는 대학에 가고 부모가 원하는 사람과 결혼을 하고 살아가면서 어느 날 회의감에 젖을 수 있다. 그는 부모를 기쁘게 하는 것이 자신을 행복하게 할 것이라는 오류에 빠져 있었던 것이다. 그러나 그런 생각은 그를 더욱 불행하게 만들 뿐이다.

인지치료의 진행 과정은 치료 초기에는 자동적 사고에 초점을 맞추는데 이는 자동적 사고가 믿음보다는 의식적으로 인식하기 쉽기 때문이다. 어떤 특정 상황에서 한 사람의 내재된 믿음은 그 사람의 지각에 영향을 주고, 이것은 자동적 사고를 통하여 표현된다. 그리고 이러한 자동적 사고들은 그 사람의 감정에 영향을 준다. 더 나아가서 자동적 사고는 행동에 영향을 주게 된다.

치료자는 내담자와 논의하고 치료 목표에 대해 협의해야 하며, 상담의 목표는 구체적이고 현실적일수록 좋다. 그러기 위해서는 내담자와 치료자가 서로 대화를 통해 구체적인 목표를 설정해야 한다. 옛 속담에 "뭐로 가도 서울만 가면 된다."라는 말이 있다. 목적지에 도달하는 길은 여러 가지가 있을 수 있지만, 우리가 치료 상황에서 항상 고려해야 할 것은 시간과 노력, 비용을 고려한 최적의 효과를 얻을 수 있는지 여부가 중요하다.

역기능적 자동적 사고는 거의 무의식적으로 일어난다

자동적 사고는 한 개인이 어떤 상황에서 그에 대해 들이는 노력이나 선택 없이 떠오르는 즉각적이고 자발적인 생각을 말한다. 이런 생각은 심사숙고하거나 합리적으로 판단하는 것이 아닌 자동적으로 그 상황에서 튀어나오는 생각이기 때문에 스스로도 의식하지 못하는 경우가 많다. 대개 자동적 사고에 따라 그 순간 감정이 달라질 수 있는데, 대부분의 자동적인 사고가 부정적이고 역기능적인 경우가 많다. 이렇게 부정적이면서 역기능적인 사고일수록 부정적인 감정을 불러일으킬 가능성이 높고, 자동적 사고는 사람들이 자신의 경험에서 만들어진 신념이 왜곡되어 있거나 극단적이거나 객관적이지 못한 경우가 대부분이다. 예를 들어 보자.

- (상황) 길을 가던 어떤 사람이 나를 쳐다본다.
  → 나를 무시한다(자동적 사고).
  → 기분이 나빠진다.

한 여성 내담자가 상담실에 와서 이런 얘기를 한다. 길을 가는데 어떤 사람이 자기를 뚫어지게 쳐다보고 가더라는 것이다. 그 사람 때문에 계속 신경 쓰이고 기분이 나빠졌다는 것인데, 평소 그 내담자는 자신의 키가 너무 크다는 것에 대한 콤플렉스가 있었다. 어렸을 때부터 큰 키 때문에 주목을 받는 게 부담스러웠고 특히 남자들이 자기 옆에 서면 "와~ 크다!" 하면서 옆에 서기를 꺼려 하는 것이 싫었다고 한다. 그런데 오늘 길을 지나가던 사람이 자신을 쳐다보는 것이 자신의 키 때문이 아닌가 싶어서 신경이 쓰이고 기분이 나빠졌다는 얘기였다. 그래서 그녀에게 질문을 던졌다. "그 사람 얼굴 기억나세요?"라고 묻자. 그녀는 "아니요."라고 답한다. "그럼, 그 사람은 당신을 기억할까요?" 묻자, "아니요. 기억 못 하겠죠." 하면서 웃는다.

그녀가 기분이 나쁜 것은 '나는 키가 커서 사람들에게 주목을 받고 사람들은 여자인 내가 너무 크다고 생각한다. 키가 큰 여성은 매력이 없다. 거대하게 보이는 것이 싫다.' '내 외모를 사람들이 싫어한다.' 등의 생각 때문이다. 우연히 마주친 행인은 그런 그녀의 자동적 사고를 촉발하는 인자였을 뿐이다.

'저 사람은 나를 이상하게 보았을 것이다.'와 같은 생각이 순간적으로 떠오르는 것, 즉 자동적 사고는 평소 그 사람의 사고가 반영되는 것이며, 거의 무의식적이고 반사적으로 떠오르기 때문에 스스로 이를 인지하지 못할 수도 있다.

필자가 직장에서 경험한 일이다. 같은 부서원은 아니었지만, 나보다 나이도 많고 직위도 높은 사람이 있었다. 오며 가며 마주친 적도 있었고 가끔 회의할 때 본 적이 있었기 때문에 서로 안면이 있다고 생각해서 인사를 하려고 하는데, 그는 멀리서 나를 보자마자 다른 데로 발길을 돌려 가는 것이다. 처음에는 급한 일이 있나 보다 했는데, 이런 일이 수차례 이상 반복되면서 나는 그가 나를 피한다는 것을 알았다. 혼자 곰곰이 생각해 봤지만 서로 간 불유쾌한 사건이 있었던 것도 아니고, 그의 행동이 이해가 가지 않았다. 나는 어느 순간부터 그에 대해서 좋지 않은 감정이 싹트기 시작했고, 그가 나를 싫어한다고 결론을 내렸다. 그리고 한편으로 평소 그가 보여준 태도로 미루어 추측해 보건대, 자신이 나보다 우위에 있다고 생각하고 나를 무시한다고 생각이 들자 분노감이 들었다. '자기가 뭐가 그렇게 대단해서 사람을 무시해?'라는 생각 때문에 화가 났고 그를 멀리서 보면 나도 그를 피해 다녔다.

나의 인사를 받아 주지 않았던 사람에 대해 시간이 흘러 생각해 보니, 그가 사람을 대면하는 것이 불편했을 수도 있었겠다는 생각이 들었다. 모든 사람과 다 친밀하게 지낼 필요도 없고 내가 자신에게 인사를 하려고 하는 것이 어색하고 불편했을 수도 있었겠다는 생각이 들었다. 그리고 나의 자동적 사고, 즉 '나는 사람들에게 존중받고 인정받아야 한다.'는 생각이 그의 행동을 통해 좌절되었고 분노를 느끼면서 한편으로 내가 거부당했다는 것에 대해서 상처를 받았던 것 같다. 돌이켜 보니 나는 모든 사람에게 존중받고 인정받아야 한다는 생각이 강했고, 존중받지 못한다면 나의 존재는 무가치하다고 생각하고 있었던 것 같다.

모든 사람에게 존중받지 못한다면, 사랑받지 않는다면 무가치하다는 생각은 곧 사회적 관계에서 문제나 갈등을 야기할 수 있다. '나는 당연히 존중받아야 하는 사람인데, 감히 니가 나를 무시해?'라는 생각은 곧 타인에 대한 분노로 이어질 수 있기 때문이다. 요즘 문제가 되고 있는 '갑질'도 이런 생각이 깔려 있을 수 있다. '내가 여기 VVIP인데, 니들이 감히 나를 홀대해?' '내가 이 회사의 중요 인물인데, 내 신경을 거슬리게 해?'라는 생각이 무리한 행동으로 나오고 상대의 인격을 무시하고 상처를 입히고 사회적 물의를 일으키는 것이다.

바로 그때 마음속에 무엇이 스쳐 갔습니까?

자동적 사고를 식별하기 위해서는 기본적으로 "바로 그때 마음속에 무엇이 스쳐 갔습니까?"라고 질문한다.

치료자는 내담자의 언어적 신호에만 주의를 기울이는 것이 아니라 내담자의 표정의 변화나 근육의 긴장, 자세의 변화, 손동작 등의 비언어적 신호에도 주의를 기울여야 한다. 언어적 신호는 목소리의 질, 높이, 크기, 속도 등을 말한다. 실제로 언어는 상당 부분 의식화되어 있기 때문에 스스로 조절이 가능하지만, 비언어적인 측면은 그렇지 못하기 때문에 내담자의 비언어적인 신호에서 보다 많은 정보를 얻어 낼 수 있다. 실제로 필자도 내담자와 상담 중에 변화된 모습을 발견했을 때 그 모습을 지적하면서 질문하면("방금 얼굴 표정에 변화가 있었는데, 무슨 생각이 스쳐 갔나요?") 대부분의 내담자는 자신의 감정 변화를 인식하면서 그에 대해 자연스럽게 대답을 하는 경우가 많다.

변화를 알아차리면, 감정의 변화를 추론하고 내담자에게 마음속에 무엇이 스쳐 갔는지 물어서 확인할 수 있다. 만일 내담자가 생각에 대해 보고하기 힘들어하면, 치료자는 내담자에게 자신의 감정과 생리적 반응에 초점을 맞추게 하여 생각을 적도록 할 수 있다.

감정 다루기

인지치료에 대한 오해 중 하나는 '인지적'인 측면에만 초점을 두고 '감정'은 간과되는 것처럼 생각하기 쉽다는 것이다. 그러나 감정을 다루는 것은 인지치료자에게도 중요한 부분이다. 그 이유는 증상을 완화시키기 위해서는 내담자의 역기능적 사고를 교정하여 불쾌한 감정을 경감시켜야 하기 때문이다.

감정은 크게 긍정적인 것과 부정적인 것으로 나눌 수 있다. 부정적인 감정, 즉 슬픔이나 분노와 같은 감정은 고통을 주기 때문에 이런 감정은 느끼지 않는 것이 좋다고 생각할 수 있다. 그러나 부정적인 감정은 긍정적인 감정(기쁨, 즐거움과 같은)보다 생존에는 보다 강력한 역할을 하기 때문에 우리에게 더 필요한 것일 수 있다. 그러나 지나칠 경우 정확하게 생각하고 문제를 해결하고 행동을 하는데 부정적인 감정이 방해를 하거나 역기능적 역할을 할 수 있다. 특히, 정신장애를 가진 경우 부적절하거나 지나친 정도의 감정을 경험할 수 있다. 예를 들어, 사소한 약속을 취소하고 나서 지나치게 심한 죄책감과 슬픔을 느낀다든지, 문득 몇 년 전 일이 떠오르면서 알 수 없는 죄책감에 기분이 너무 가라앉고 우울함을 느끼는 경우이다.

이때 치료자는 내담자의 감정이 다소 부적절하고 지나치다 하더라도 처음부터 이를 지적해서는 안 된다. 내담자를 지지하고 공감해 주어야 하며 감정을 비난하거나 도전하지 않으면서 내담자의 불쾌한 감정을 줄이기 위하여 그 감정에 내재하여 있는 역기능적 사고와 믿음의 평가에 초점을 둔다. 앞의 예처럼 그 이유에 대해 생각해 보니, 아이 낳고 집안 일을 하다 보니 자존감이 너무 떨어졌고, '집에서 설거지나 하는 자신이 스스로 무가치하다.'는 생각이 부적절한 죄책감으로 이어진 듯했다.

인지치료는 상황에 대한 잘못된 해석과 연관된 부정적 감정을 줄이는 것을 목표로 한다. 전술한 바와 같이 부정적 감정은 긍정적 감정처럼 존재하고 있으며, 문제가 일어날 가능성을 알려 주는 것이지만, 정신적으로나 심리적으로 문제를 가진 사람들의 경우 지나치게 부정적으로 흐를 수 있다. 이런 근본적인 이유가 잘못된 해석으로 인한 것이라면 이를 변화시켜 부정적인 감정에 함몰되는 것을 방지하여야 한다. 이를 위해 한 주간에 발생한 긍정적 사건이나 기억(예: 직장에서 상사로부터 칭찬받은 일) 등을 통해 긍정적인 감정을 증진하는 동시에 내담자가 성취감과 기쁨을 경험할 수 있는 활동(예: 좋아하는 영화보기)을 포함하는 과제들을 제시해 줄 필요가 있다.

감정과 사고(생각)를 구별하기

상담을 하다 보면 많은 사람이 생각하는 것과 감정적으로 느끼는 것의 차이를 명확하게 구별하지 못한다는 것을 경험한다. 그래서 상담 중에 무엇이 감정인지 무엇이 생각인지를 구별하는 것만으로도 도움이 된다.

감정을 잘 표현하지 못하는 이유는 상대적으로 어휘가 빈약하기 때문일 수도 있고 인식은 하지만 그 감정이 어떤 것인지 명명하기가 어려울 수도 있다. 어떤 내담자가 자신이 결혼식을 할 때를 이야기하면서 자신도 모르게 눈물이 흐르는데 왜 눈물이 나는지도 모르지만 계속 눈물이 나서 당황한 경험을 이야기한다. 결혼은 기쁜 사건인데 왜 눈물이 나냐는 것이다. 그러나 잘 생각해 보면, 어떤 상황에서 일어나는 감정은 단일한 차원이 아니다. 나이가 들어가면서 우리는 여러 가지 경험을 하게 되는데, 상당 부분은 그 상황에서 복잡 미묘한 감정을 경험하게 된다. 흔히 '만감이 교차'한다는 것이 정확한 표현일 것이다. 앞에서 말한 '결혼식'이라는 것은 즐거운 일이고 사람들로부터 축하받는 자리이기도 하지만, 새로운 환경으로 떠나는 것이며 새로운 누군가와 새롭게 '가정'을 만들고 이전의 가족들로부터 분리되는 것을 모두 포함한다. 결혼식을 준비하는 과정도 만만치 않다. 그래서 어떤 사람들은 결혼식 이후에 절대 두 번은 못 한다면서 너스레를 떨기도 한다. 이런 여러 가지 상황 속에서 당사자들은 여러 감정을 경험할 것이다. 새로운 사람과 앞으로 새로운 생활이 펼쳐지리라는 기대와 도전, 그리고 자신의 선택이 맞는 것인가에 대한 의구심, 자신을 길러 준 부모님에 대한 고마움과 미안함 등이 한꺼번에 밀려오면 이런 감정이 스스로 통합, 정리되지 않은 채 눈물이 쏟아지는 것이다.

- 부정적 감정들의 예
  - 슬프다, 외롭다, 불행하다, 불안하다, 걱정된다, 두렵다, 무섭다, 긴장된다, 화난다, 미치겠다, 부끄럽다, 당황스럽다, 창피하다, 실망스럽다, 질투가 난다, 죄책감을 느낀다, 상처를 받는다, 의심스럽다

인지적 왜곡은 그릇된 가정이며 생각에 있어서 체계적 오류이다

엘리스는 비합리적 신념이 부적응적 행동을 유발한다고 보았으나, 벡은 개인이 정보를 처리하는 과정에서 나타나는 인지적 오류와 왜곡이 부적응을 초래한다고 보았다. 따라서 이런 인지적 왜곡을 개선하는 것이 중요하다.

인지적 왜곡은 정보처리가 부정확하거나 비효과적일 때 나타나며, 대개 비현실적인 세계관을 나타내거나 비논리적인 추론과 관련된다. 인지왜곡 또한 별다른 노력 없이 자발적이고 자동적으로 발생하는데, 그래서 '부정적 자동적 사고'라고도 부른다. 자동적 사고는 순간 우리에게 떠오르는 생각이나 영상인데, 사람들에게 나타나는 인지적 왜곡의 유형은 다음과 같다.

벡(1967)은 우울한 사람은 다음과 같은 체계적인 사고의 오류가 있어서 반대 증거에도 불구하고 부정적 사고의 타당성에 대한 환

자의 신념이 유지된다고 보았다. 이런 인지적 왜곡에는 임의적 추론, 선택적 추상화, 과일반화, 과장과 축소, 흑백논리, 개인화 등이 있다.

① 시험에 떨어진 것은 아침에 미역국을 먹었기 때문이다?

임의적 추론(arbitrary inference)은 결론을 지지할 만한 적절한 증거가 없거나 증거가 결론과 배치되는데도 불구하고 어떤 결론을 끌어내는 과정을 말한다.

예를 들어, 친구가 자신에게 전화를 하지 않는 것은 자신을 무시하기 때문이라고 단정짓는 것이 흔한 예가 될 수 있다. 마치 상대방의 마음을 읽을 수 있는 것처럼 생각하거나 재수 없고 불길한 일에 대해 인과관계가 있다고 믿는 것도 이에 해당한다고 볼 수 있을 것이다. '시험 보는 날 미역국을 먹으면 미끄러져 시험에 떨어진다.'와 같은 것도 대표적인 예인데, 인과관계가 성립하지 않음에도 이런 비논리적인 것을 믿는 경우가 종종 있다.

② 옥의 티를 찾아라

선택적 추상화(selcetive abstraction)는 맥락에서 벗어난 한 가지 세부 특징에 초점을 기울이고 더 현저한 다른 특성들은 무시한 채 이러한 경험의 단편에만 기초하여 전체 경험을 개념화하는 것이다.

대학 시절 심리학과 동기 중에 이런 친구가 있었다. 학점의 평균이 4.3이 넘는 친구였는데, 이 친구의 시험 성적은 대개 A, A+가 대부분이란 얘기다. 그런데 하루는 나를 찾아와서는 시험을 망쳤다면서 통곡을 하기 시작한다. 성적표를 보니, B+가 하나 눈에 띄었다. 시험 성적이 잘 나온 교과목 점수는 당연한 것이고, 자신의 생각보다 성적이 잘 나오지 못한 교과목 성적에만 초점이 맞추어져 있었던 것이다. 그래서 나는 내 성적표를 보여 주었다. 어이없게도 내 성적표에는 대부분이 B+, 그리고 간혹 A와 A+가 있었다. 그 친구에게 난 이렇게 말해 줬다. "니가 그러면 난 죽어야지…."

③ 남자는 모두 늑대다

과일반화(overgeneralization)는 하나나 그 이상의 특수한 사건들에 기초하여 일반적인 법칙이나 결론을 도출하여 그 개념을 관련되지 않는 상황에까지 광범위하게 적용하는 패턴을 말한다.

결혼 못한 노처녀에게 결혼한 사람들이 이런 충고 아닌 충고를 한다. "남자는 다 똑같아. 불 끄면 그놈이 다 그놈이야…." 아니면 "남자는 다 늑대다." "여자는 여우다."라는 식으로 모든 남성과 여성을 한 범주에 넣고 본다면 개개인들이 가지고 있는 개인차는 완전히 무시되는 것이다.

④ 공부 하나도 안 했어요

과장과 축소(magnicication and minimization)는 어떤 사건의 중요성이나 정도를 심하게 왜곡하여 평가하는 오류를 말한다.

학생들은 "공부 하나도 안 했어요."라는 말을 자주 한다. 정말 하나도 안 했냐면, 그것은 아니고 충분히, 완벽하게 준비하지 못했다는 의미를 이런 식으로 표현한다. 시험 범위의 절반 정도를 공부했다면 그만큼 시험에 대비한 것이지 하나도 안 한 것과는 차원이 다르다. '공부한 만큼, 아는 만큼 시험을 치르겠다.'는 각오와 '공부 안

했으니 보나마나다.'라는 태도는 임하는 자세가 다르기 때문에 당연히 그에 따른 결과도 다를 수밖에 없다. 이런 생각이 팽배하면 결국 불안감이 밀려와 자신의 실력을 충분히 발휘할 수 없게 된다. 시험 불안이 높은 학생들은 이런 인지적 왜곡이 숨어 있는 것은 아닌지 점검해 볼 필요가 있다.

⑤ 사람들이 웃는 것은 내가 바보같이 보이기 때문이다

개인화(personalization)는 외부 사건을 자신과 관련지을 근거가 없는데도 이를 관련짓는 경향을 말한다.

날씨가 화창한 어느 날, 길을 걷고 있었다. 여자들이 벤치에 앉아 뭔가 이야기를 하고 있는 것 같다. 그녀들을 지나쳐 가는데 갑자기 웃음소리가 들리기 시작한다. '왜, 갑자기 웃는 것일까?' 대부분의 사람은 좋은 일이 있겠거니 또는 뭔가 웃긴 이야기를 나누고 있구나 하면서 지나칠 일을 어떤 사람은 '저 여자들이 나를 비웃는구나. 안 그래도 오늘 스타일이 별루였는데. 내 머리 스타일을 보고 웃는 걸 거야….'라고 생각할 수 있다. 후자의 경우라면 기분이 나빠지고 심리적으로 위축감을 느낄 것이다.

⑥ 완벽하지 않으면 결함투성이다

흑백논리, 이분법적 사고(absolutistic, dichotomous thinking)는 모든 경험을 양극단의 범주 중 하나로 평가하는 경향을 말한다. 이를테면 완벽하지 않으면 결함투성이이고, 순결하지 않으면 불결하며, 성자가 아니면 죄인이라는 식(원호택 외 역, 1997)으로 판단하기 때문에 중간지대가 존재하지 않는다. 서문의 내용처럼 세상 사람

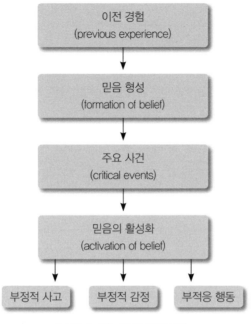

이전 경험
(previous experience)

↓

믿음 형성
(formation of belief)

↓

주요 사건
(critical events)

↓

믿음의 활성화
(activation of belief)

↓   ↓   ↓

부정적 사고   부정적 감정   부적응 행동

[그림 3-13] 벡의 인지모델

을 착한 사람과 나쁜 사람만으로 양분할 수 있는가? 아니면 성공한 사람과 실패한 사람으로만 나눌 수 있는가? 이런 관점은 다양성을 무시하고 극단으로 치우치게 하는 오류에 빠지게 만든다.

벡에 의해 개발된 인지치료는 앞에서 말한 것처럼 다양한 심리적 장애를 다루는 데 사용되는 적극적이고 지시적이며, 시간 제한적이고 구조화된, 현재 지향적이며 특정한 목표 중심을 표적으로 하는 심리치료이다.

우울증 치료적 접근

알버트 엘리스의 합리적 정서행동치료와 아론 벡의 인지치료는 유사한 점이 많다. 엘리스는 인지, 정서, 행동은 서로 상호작용하며 이 과정에서 인지가 중심이 되어 정서와 행동에 영향을 준다고 보며, 벡은 내담자의 역기능적인 신념 및 사고를 자각하게 함으로써 변화하게 한다는 점에서 비슷하다. 초기에 벡은 정신분석가로서 많은 우울증 내담자의 사고와 꿈을 분석하였다. 프로이트는 우울증을 '자신에게 향한 분노'로 보았다. 그리고 벡은 우울증 내담자들을 살펴보는 과정에서 그들이 실패나 거부에 대한 두려움, 무능과 관련한 부정적인 생각을 가지고 있다는 것을 알게 되었다. 그리고 이런 생각들이 우울에 영향을 미친다는 사실을 발견했다.

개개인마다 세상을 해석하는 방식이 다르고 개개인이 가지고 있는 생각이나 신념들은 자신이 행동하고 느끼는 방식과 삶의 상황을 이해하는 방식들을 결정하는 데 영향을 미친다. 따라서 인지치료는 개인의 정서 경험이 부분적으로 초기 경험에서 발달해 온 인지에 의해 결정된다고 보았다. 그래서 부정적이고 역기능적인 인지를 변화시키는 것이 인지행동치료에서 주요한 부분이 되었으며, 행동치료를 결합함으로써 치료의 효과를 보다 극대화할 수 있었다.

- 우울한 내담자들은 자살 욕구를 감출 수 있다. 인지치료 전략으로는 내담자의 양가감정을 드러내는 것, 대안을 만드는 것, 다루기 쉬운 정도로 문제를 감소시키는 것이 포함된다.
- 우울한 내담자들은 자기 비판적이다. 내담자에게 지나친 자기 비판적 행동에 대한 이유를 규명하여 말하도록 하거나 치료자가 우울한 내담자의 역할연기를 할 수 있다. 또 자기 증오나 우울을 유발하는 것에 대해 내담자와 토론할 수도 있다.

- 우울한 내담자들은 고통스러운 감정을 경험한다. 치료자는 상황의 풍자적인 면을 분명하게 보여 주어 유머를 슬픔에 대한 교정 수단으로 사용한다.
- 우울한 내담자는 외적 요구, 문제, 압력의 확대와 같은 특성을 가진다. 치료자는 내담자에게 해야 할 것을 목록화하고, 우선순위를 정하고 성취된 과제를 점검하고, 외적인 문제를 다루기 쉬운 단위로 구분하도록 한다(김채순, 2012).

인지치료 기법

당신이 자주 쓰는 ○○의 의미는 무엇인가요?

우울한 사람들은 '당황한' '패배자' '죽고 싶은' 등과 같은 단어들을 자주 사용하는데, 이러한 단어의 의미가 무엇인지 내담자에게 질문함으로써 내담자의 사고 과정을 이해하는 데 도움을 준다.

실제로 만난 내담자 중에서 "망했다." "죽고 싶다."라는 말을 습관적으로 하는 사람이 있었다. 그래서 당신이 이런 단어를 자주 사용하는 것을 알고 있느냐고 물었더니, 그 내담자도 "아… 그러고 보니 그랬군요…."라며 놀랐다. 그 말의 의미를 물으니, 그냥 일이 잘 안 되면 그 말을 쓰게 되었는데, 특히 자신이 계획한 것 중 하나라도 제대로 되지 않으면 자기도 모르게 "망했다."라는 말을 쓰게 되고 일이 뜻대로 안 풀리면 "죽고 싶다."라는 말을 하게 되었다는 것이다. 이 내담자는 상담자가 이런 단어를 얼마나 잘 사용하는지, 그 의미가 무엇인지를 묻는 것만으로도 상당한 효과를 보였다. 스스로 이런 단어를 사용할 때마다 자기 자신을 되돌아보고 그 상황이 그렇게까지 문제가 될만한 상황인지를 스스로 점검하게 된 것이다.

모든 사람은 나보다 행복하다

치료자는 내담자가 '모든 사람' '언제나' '결코' '항상' 등과 같은 절대적인 단어를 자주 사용하는지를 파악하고 내담자에게 그런 생각이 잘못됐음을 깨닫게 하는 것이 중요하다.

'모든 인간은 언젠가는 죽는다.'와 같이 절대성을 부여할 수 있는 상황은 그리 많지 않다. 따라서 '모든'이란 말보다는 '대부분'이나 '많은'과 같은 단어로 대체하는 것이 좋으며, '언제나'와 '항상'이라는 단어보다는 '자주'나 '종종'이라는 단어를 활용하기를 권한다.

예를 들어, '모든 사람이 나보다 행복하다.'라고 생각하는 사람이 있다면 세상에서 나는 가장 불행한 사람이란 결론에 도달한다. 이런 극단적인 생각이 극단적인 선택을 하게 만들기도 한다. 그러면 나는 죽어야 하는가? 모든 사람이 나보다 행복하다는 근거는 어디에서 나오는 것인가? 실제 다른 사람들이 어떻게 살고 있는지 어떻게 알고 있는가?

네 잘못이 아니야

자신을 비난함으로써 죄의식을 느끼거나 심한 우울을 느끼는데, 재귀인 방법을 이용해서 내담자가 정확한 인과관계에서 자신의 책임 여부를 파악하게 한다. '귀인'은 어떤 일이 발생했을 때, 그 원인이 무엇인지 추론하는 것인데, 이 귀인이 잘못되었다면 다시 원인을 찾아 결론을 내리는 것이 필요하다.

영화 〈검은 사제들〉에는 이런 장면이 나온다. 주인공(강동원)이 어린 시절에 동생이 큰 개에게 물려 죽은 사건을 떠올리며 괴로워한다. 개에 물려 죽어가는 동생을 두고 도망친 자신을 스스로 용서할 수 없어서 그는 사제가 되었는지도 모른다. 그는 어린 시절 자신의 행동을 곱씹으며 죄책감에 시달려 왔다. 그런 그를 보며 아주 덤덤하고 담백하게 선배 신부(김윤석)가 하는 말이 인상적이다.

"니 잘못이 아니야. 원래 동물들은 자기보다 큰 상대에게는 덤비지 않아. 니 동생이 작아서 그런 거야."

무심한 듯 보이는 이 말은 더러는 무성의하고 냉담하게 들릴 법하지만 주인공에게는 큰 울림으로 다가온다. 생각해 보니 그 말이 맞다. 그때 동생을 살리겠다고 한들 무슨 수로 살릴 수 있었겠는가. 자신도 어린아이였을 뿐인데. 그는 이후로 죄책감을 떨치고 진정한 사제로 거듭난다.

'일등을 하지 않으면 실패다.'는 흑백논리이다

내담자가 사용하는 인지왜곡이 흑백논리, 과잉일반화, 선택적 추상화 등과 같은 여러 가지 인지왜곡 중 어떤 것에 해당하는지 명명하도록 하는 것이다.

'인지왜곡을 직접적으로 명명하는 것이 과연 도움이 되는 것인가?' 하고 의문을 품을 수 있다. 오히려 이건 흑백논리네, 과잉일반화네 하면서 명명함으로써 낙인을 찍는 것이 아닌가 생각할 수 있다. 잘못된 명명하기(낙인찍기)는 자신이나 타인에 대해 부정적인 측면만을 부여하는 것이다. "나는 바보야." "나는 쓰레기야." "정신병자" "변태" 등 한 가지 측면을 가지고 모든 것을 싸잡아 낙인찍는 것이다. 심리학자 반두라에 의하면, 이런 잘못된 명명하기는 '자기 충족적 예언(self-fulfilling prophecy)'이라는 기제에 의해 실제로 그런 결과를 낳을 수 있다고 주장한다. 즉, 평소 자신에게 "나는 쓰레기이다."라고 말하는 사람은 그렇게 행동할 가능성이 높다는 것이다. 반대로 '나는 상당히 좋은 인간이다.'라는 생각은 그를 보다 좋은 사람이 되도록 만든다. 이것은 자신뿐 아니라, 타인에게도 적용된다. 자신이 좋아하는 사람에게는 우리는 '저 사람은 친절하기 때문에 내 부탁을 잘 들어줄 거야.'라는 생각을 가지고 있다면, 그 사람에게 자신도 친절하게 대할 가능성이 높고 그런 반응 때문에 상대도 긍정적인 반응을 보일 가능성이 높아지며, 결과적으로 우리는 '역시 내 생각이 맞았어!'라며 자신의 예측에 대해 확신을 갖게 되는 것이다.

인지왜곡 명명하기는 자신의 오류가 정확히 무엇인지를 인식하기 위해서 필요한 과정이다. 예를 들어, '일등을 하지 않으면, 실패자이다. 그래서 일등을 하지 않으면 끝이다.'라고 생각하고 있는 사람이 있는데, 지금 자신의 생각이 흑백논리이며, 파국적인 사고를 가지고 있는 것이라는 사실을 깨닫는다면 지금까지 절망적이라고 생각했던 사고에서 벗어날 수 있게 된다.

일등을 하지 않았다고 실패자는 아니다

이분법적 범주화 측정하기 과정을 통해 연속성상의 측정으로 변화시키고 자신의 위치를 확인하게 함으로써 흑백논리, 이분법적 사고, 파국화 등에서 벗어나게 한다.

앞서 든 예에서처럼 A+를 받지 않으면 시험을 망쳤다고 생각하는 것은 이분법적이고 파국적인 생각이다. 40명 중에서 평점 평균 4.0이 넘는 학생이 몇 명이나 되는가? 그 당시 3.5 이상이면 장학금을 받을 수 있었는데 그보다 훨씬 우수한 성적을 받고도 시험을 망쳤다는 것은 너무나 주관적인 기준에 의한 판단이므로 이를 일깨워 주는 것이 필요하다.

일등을 하지 못하면 어떻게 될까?

결과에 대해 과잉반응할 경우, 이 질문을 통해 결과가 생각대로 나오지 않는다면 실망스럽겠지만, 파국적인 결과가 초래되지는 않는다는 것을 깨닫게 한다.

예를 들어, '일등을 하지 못하면 어떻게 될까?'(What if?)라고 생각해 보는 것만으로도 효과가 있을 수 있다. A+를 받지 못한다면 물론 실망스럽긴 할 것이다. 그래서 어째서? 뭐?

만약 시험에 떨어졌다면, 절망스러운 기분이 들겠지만 그래도 어쩌겠는가. 인생에는 정답이 없다는 것이 정답 아닌가. 다시 도전하든지 다른 길을 찾든지 또 다른 선택이 기다리고 있다. 그렇기에 끝이라고 생각했지만 다시 시작인 것이다. 그래서 끝과 시작은 언제나 연결되어 있다.

장점과 단점에 대해 말하기

내담자의 신념이나 행동에 대한 장점과 단점을 열거하도록 한다. 예를 들어, '실수해서는 안 된다.'는 생각을 가지고 있는 내담자가 있다면 그 생각에 대한 장단점을 열거하게 하고 실수하면 큰일이라는 파국적 생각에서 벗어나게 할 수 있다.

〈표 3-7〉 역기능적 사고 일일 기록표

일시	상황	감정	자동적 사고	합리적 반응	결과
	1. 불쾌한 감정을 유발한 실제 사건을 기술하거나 기록하시오. 2. 불쾌한 감정을 유발한 생각의 흐름, 상상, 기억을 기술하시오.	1. 슬픔, 불안, 분노 등의 감정을 구체적으로 기술하시오. 2. 감정의 강도를 1~100%로 평정하시오.	1. 감정에 선행했던 자동적 사고를 기술하시오. 2. 사고의 확신 정도를 0~100%로 평정하시오.	1. 자동적 사고에 대한 합리적 반응을 기록하시오. 2. 합리적 반응의 확신 정도를 0~100%로 평정하시오.	1. 자동적 사고의 확신 정도를 0~100%로 재평정하시오. 2. 결과적 감정을 구체적으로 기술하고, 0~100%로 평정하시오.

출처: 권석만 역(2010).

우리가 머릿속에 가지고 있는 생각이란 매우 복잡다단한 것 같으면서도 그 생각을 실제로 종이에 적어 보면 별게 아닌 경우가 많다. 비슷한 몇 가지 생각이 계속 머릿속을 떠돌고 있으면서 꼬리에 꼬리를 물고 자신을 괴롭힌다면 한번 종이에 적어 보라. 내가 지금 하고 있는 생각들이 무엇인지. 실제로 상담을 하면서 내담자가 하는 말들을 받아 적다 보면 몇 가지로 요약되는 경우가 많다. 그렇게 요약하고 범주화해서 내담자에게 설명하면 내담자는 의외로 간단한 문제로 골머리를 앓고 있었음을 깨닫는다. 불필요하게 복잡하게만 생각하고 있었던 것이다. 그렇게 문제를 몇 개의 범주로 나누고 요약하고 나서 우선순위를 정해서 어떤 것부터 해결할지를 결정하면 된다.

대처 카드 사용하기

대처 카드(coping card)는 가로와 세로가 3×5인치 되는 카드로 내담자의 인지행동치료 개입의 연습을 돕기 위해 사용한다. 내담자는 그것을 규칙적(1일 3회)으로 읽거나 필요한 때 읽을 수 있다. 한쪽 면에는 중요한 자동적 사고를, 뒷면에는 적응적 반응을 적어 놓았는데, 특별한 문제 상황에서의 행동 전략들을 만들어 놓거나, 내담자가 특정 행동을 하도록 도와주는 자기 지시로 구성되어 있다.

• 대처 카드 1
내담자는 치료자와 함께 미리 작성한 대처 카드를 읽을 수 있다. 내담자는 자신의 생각 속에 잘 통합될 수 있도록 대처 카드를 규칙적으로 읽는 것이 바람직하다.

자동적 사고(앞면)
나는 이 일을 할 수 없을 것이다.
적응적 '반응'(뒷면)
① 이 일이 어렵기는 하지만, 전혀 할 수 없는 정도는 아니다. ② 일을 시작하면, 어느 정도는 처리할 수 있다. ③ 일처리가 어려울 때 다른 사람에게 도움을 요청하거나 다른 일을 먼저 처리한다. ④ 하지 않는 것보다는 하는 것이 낫다. ⑤ 내가 할 수 없다는 생각이 능률을 저하시키고 있다.

• 대처 카드 2

불안할 때의 전략들

① 역기능적 사고 기록지를 기록한다.

② 대처 카드를 읽는다.

③ (친구에게) 전화한다.

④ 음악을 듣거나 산책을 한다.

⑤ 기타

• 대처 카드 3

내담자가 행동에 대한 동기화가 부족할 때 대처 카드를 사용하여 특정 행동을 하도록 도울 수 있다. 대처 카드는 치료자와 내담자가 상호 협의하여 만들어야 한다. 치료자는 내담자가 카드를 읽는 것의 장단점을 검토하고 언제 카드를 읽을지 구체적으로 정하며, 대처 카드의 사용을 방해하는 자동적 사고를 미리 예상하여 이에 어떻게 반응할지를 검토해야 한다.

도움을 요청하고 싶을 때

① 큰일이 아님을 상기시킨다. 기껏해야 도와주지 않거나, 불친절한 정도이다.
② 이번에 도움을 받지 못하더라도, 나에게는 좋은 경험이 될 것이다.
③ 거절한다 하더라도, 그것은 내 잘못은 아닐 수 있다. 바쁘거나 다른 일 때문일 수도 있다.

서서히 노출하기: 점진적 노출

어떤 목표에 도달하기 위해 몇 개의 단계들을 순차적으로 밟는 것이 필요한 경우가 있다. 내담자의 현 수준을 고려하지 않고 최종 목표에만 초점을 둔다면 내담자는 부담감에 압도되거나 쉽게 포기할 수 있다. 단계들을 그림으로 그려서 보여 주는 것도 내담자들에게 안도감을 준다.

치료자는 일반적으로 낮은 수준의 불안을 일으키는 활동부터 시작할 것을 제안한다. 그래서 내담자의 불안이 현저히 감소될 때까지 이 단계를 매일 또는 하루에도 여러 차례 연습하게 한다. 그러고 나서 다음 단계를 시도하도록 하며, 역시 그것을 쉽게 할 수 있을 때까지 연습한다.

역할 연기하기

역할극은 치료자가 내담자의 인생에서 어떤 한 사람(상사, 배우자, 자녀)의 역할을 맡아 자동적 사고를 자극하는 상호작용의 시뮬레이트를 해 보는 것이다(김정민, 2015). 또한 여러 목적으로 사용될 수 있는 기법이다. 자동적 사고를 밝히고, 합리적으로 찾으며, 믿음을 수정하기 위하여 역할 연기를 하고 사회 기술을 배우고 연습하는 데도 유용하다.

사회 기술이 부족하거나, 상황에 따라 응용하는 기술이 부족한 경우에 역할극을 활용해 볼 수 있다. 예를 들어, 타인을 배려하고 공감은 잘해 주지만, 정작 자기주장을 잘 하지 못하는 경우가 많다. 이럴 경우 역할 연기를 여러 번 해 봄으로써 기술을 습득하도록 할 수 있다.

많은 내담자가 무엇을 말해야 할지 정확하게 알면서도 역기능적 가정 때문에 이런 지식을 제대로 사용하지 못한다(예: 내가 의견을 주장하면 비난을 받을 것이다, 다른 사람들이 기분 나쁠 수 있다, 나를 건방지다고 생각할 것이다.).

원 기법 사용하기

내담자에게 자신의 생각을 그림의 형태로 볼 수 있게 하는 것이 도움이 된다. 원('pie' technique) 도표는 여러 용도로 사용할 수 있는데, 예를 들어 내담자가 목표를 설정하는 것 또는 어떤 주어진 결과에 대한 책임의 정도를 돕기 위해서도 사용될 수 있다.

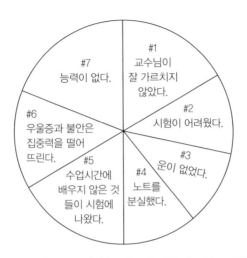

[그림 3-14] 목표 설정을 하는 데 사용되는 원 도표의 예

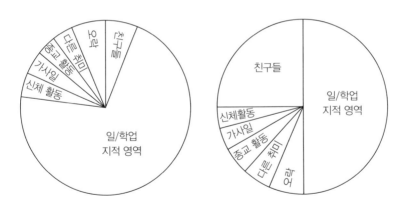

[그림 3-15] 부정적인 결과를 야기하는 여러 요인에 대한 원 도표의 예

출처: 최영희, 이정흠 역(1997).

비합리적 신념과 인지적 도식은 어떻게 다른가

벡은 근본적인 신념이나 인지도식을 수정하는 것에 보다 중점을 두었다. 즉, 성격의 구조적 측면 변화, 논리적 오류나 인지적 왜곡에 초점을 둔다. 또한 역기능적 신념의 내용을 탐색하고 수정하며 인지 과정에서 일어나는 편향적 오류를 바로잡는다. 그리고 비합리적 신념보다는 사고와 가정의 개인의 특수성을 강조하며 합리적 논박보다 신념의 실증적 검증을 중시한다.

반면, 엘리스는 비합리적 사고가 생물학적 측면에 기초하고 있다고 생각하였다. 즉, 그렇게 생각하게 만드는 경향성이 있다고 보았으나, 벡은 심리적 장애가 생활 사건에 영향을 받는데, 이러한 신념들은 그 상황에서는 도움이 되고 적절한 것이었기 때문에 형성된 것으로 보았다(권석만 역, 2010).

인지치료는 내담자가 가지는 부정적인 인식이 어떠한 상황마다 자동적으로 작용함으로써 정상적으로 상황을 이해하고 대처하는 데 문제가 발생한다고 보며, 이러한 잘못된 인식들을 개선하지 않는다면 문제가 계속 발생된다고 본다. 따라서 잘못된 인지(인지적 왜곡, 자동사고, 인지오류)를 개선하는 것이 우선되어야 하는 것이다.

마이켄바움의 자기지시훈련

긍정적인 자기 말은 행동을 변화시킨다

도널드 마이켄바움(Donald Meichenbaum)의 자기지시훈련(Self-Instructional Training: SIT)은 비합리적 진술을 합리적인 자기 진술

(self-statement)로 변화시키는 기법으로 내담자의 통제력 밖에 있는 스트레스 상황을 다루고 기술을 발달시키도록 돕는다.

자기 지시 기법은 훈련 과정을 되풀이하면서 내담자 스스로 반복하는 연습을 하면서 강화하는데, 치료자가 큰 소리로 지시하면 내담자는 큰 소리로 따라 하면서 과제를 스스로 해 나아간다. 또한 수행하고자 하는 과제를 자신의 말로 반복함으로써 자기 지시에 따라 과제를 수행하게 된다. 자기 지시 기법은 부정적인 사고를 긍정적인 사고로 대치하는 데 초점을 두는데, 바람직한 행동 변화를 가져오기 위하여 다양한 상황에서 해야 할 일에 대하여 자기 지시를 하고 긍정적인 혼잣말을 하게 하도록 하는 것이다. 이 기법은 부정적인 정서를 완전히 제거하기보다는 내담자가 부정적인 문제에 대처하도록 가르치는 것을 더 강조한다.

자기 지시 기법은 다음과 같은 단계를 거쳐 진행된다.

첫 단계는 내담자를 도와서 스트레스 상황과 자기 스스로 만들어 낸 부정적인 진술문에 의하여 유발된 내적 자극들을 찾아낸다 (예: "나는 할 수 있는 게 아무것도 없어.").

두 번째 단계는 모델링과 행동시연을 통해 내담자가 스트레스 상황하에 있을 때 부정적 자기 진술을 상쇄시키는 혼잣말을 학습한다.

세 번째 단계에서는 내담자가 어떠한 행동을 먼저 수행하는 것을 상상하면서 적당한 활동을 실행하도록 자기 지시를 하며 반복된 연습을 하도록 한다.

마지막 단계에서 내담자는 스트레스 상황을 성공적으로 대처한 후 즉시 자기 강화 진술을 하도록 한다(예: "잘했어!, 훌륭해!")(김명희, 이현경, 2011).

마이켄바움은 '건강한 대화'를 하도록 조작적으로 조건형성된 정신분열증 환자들이 훈련된 반응을 하기 전에 주어진 지시 내용을 큰소리로 반복한다는 것에 착안하여 사람들에게 '속말'을 하도록 가르침으로써 그들의 행동을 스스로 유도하게 할 수 있을 것이라고 생각했다.

이 이론은 루리아와 비고츠키(Luria & Vygotsky)의 연구에 근거하고 있다(권석만, 2010).

그에 의하면 아동의 행동은 처음에는 성인의 언어적 통제에 따르지만 점차 아동 스스로의 통제하에서 행동이 일어나게 되고 그 통제 과정이 처음에는 외현적 언어(겉으로 표현되는 말)에 의해서 일어나고 나중에는 내현적 언어(속말)로 이루어진다.

잘 생각해 보면, 우리의 생각과 사고는 언어화되어 있다는 것을 알 수 있다. 거의 의식을 하지 못하고 있어서 그렇지 무언가를 할 때 속으로 '전화해야지.' '화장실 가야지.' '밥 먹어야지.' '내가 왜 이러고 있지?' 등 속으로 자신에게 이야기하고 있다는 것을 발견하게 될 때가 많다. 이런 속말 중 '나는 실패자야.' '내가 하는 일은 다 왜 이 모양이지?'와 같은 부정적인 말이 상당 부분 차지하고 있다는 것도 그리 놀라운 일도 아니다. 이런 부정적인 속말을 긍정적인 말로 바꿔 보면 분명 그 사람의 행동과 감정에도 변화가 생길 것이다.

자기 지시 기법은 처음에는 충동적인 아동에게 자신의 행동을 통제하도록 가르치는 프로그램으로 시작했는데, 현재는 아동기 장애뿐 아니라, 불안, 공격성 및 통증 조절 그리고 사회적 기술 훈련을 비롯한 성인기 장애에도 광범위하게 적용되고 있다.

언어는 인지, 행동과 밀접한 관계를 맺고 있다

언어적 자기통제의 부재는 발달적 결함에 따른 것이 아니고 학습 결함에 의한 것이라고 보는 견해가 있는데, 언어는 의사소통의 수단뿐 아니라 인지와 행동 등과도 밀접한 관계를 맺고 있으며 언어가 개인의 행동을 지배한다는 주장도 있다.

루리아(1961)에 따르면 인간 행동의 주요한 통제체제를 내적 언어(inner speech)라고 말하고 있다. 그는 행동에 대한 언어통제의 발달단계를 개념화했는데 자발적 행동의 시작과 중지가 언어적 통제하에서 3단계로 이루어진다고 보았다.

첫 번째 단계에서는 성인의 말이 아동의 행동을 통제하고 유도하게 되고, 두 번째 단계에서는 아동의 외현적 언어가 아동의 주된 통제자가 되며, 마지막 단계에서는 내재적 언어가 행동의 주된 통제 역할을 하게 된다고 보았다.

충동 반응의 억제는 언어의 내면화와 관계가 깊다. 이 내면화는 인지 과정에 의해 순차적으로 대체되는 연합 과정에 의해 이루어지는데, 아동이 연합 과정 단계를 학습한다면, 행동은 언어적인 중재에 의해 통제될 것이다. 언어적 자기교시 훈련은 언어적 통제 부족을 암시하는 여타 행동 문제(사고력 결여, 주의산만, 표출행동 문제)에 효과를 가져올 수 있다.

아동의 지적 발달은 언어 발달과 관련되어 있고, 시간이 흐르면서 아동은 언어를 통제하고 체계화하는 방법을 터득하게 된다. 따라서 사고의 도구인 언어를 적절하게 변화시키면 사고 역시 변화되어 완전히 다른 인지적 구조를 갖게 될 수도 있다. 그러므로 인지 양식을 바꾸는 것은 결국 언어적 자기 진술 내용을 수정하는 문제다. 즉, 자기교시 훈련은 비합리적인 자기 진술을 합리적인 자기 진술로 변화시키는 과정이다.

사례 9.

20대 후반의 내담자는 가족관계 및 대인관계에서 어려움을 토로하면서 내원하였다. 심리검사를 실시하고 면담을 한 결과 내담자는 스스로 자각하고 있지 못하지만, 늘 '사람들은 나를 무시한다. 싫어한다.' '무시당하면 안 된다.' '무시당하고는 살 수 없다.'는 식의 생각이 뿌리 깊게 내재되어 있다는 것을 알 수 있었다.

그래서 이런 생각이 들고 분노가 일어날 때마다 자기 진술과 자기 지시를 통해 이를 적절히 조절하는 방법을 설명하고 직접 실행해 보기로 하였다.

앞의 방법을 실시해 보고 나서 내담자는 다른 사람들이 나를 무시한다고 생각하면 화가 나고 왜 미안하다고 말하지 않는지에 대해서만 생각했지, 다른 이유가 있을 거라 생각하지도 못했고 물어볼 생각도 못했던 거 같다고 하였다.

상담자가 내담자에게 말 안 하고 가만히 있으면 화난 것 같다는 말 많이 듣지 않느냐고 물으니, 웃으면서 그렇다고 인정하였다. 아마 다른 사람들도 화난 표정의 얼굴을 보고 경직되었거나 기분이 상했을 수도 있지 않겠냐고 하니, 그럴 수 있겠다며 수긍하였다. 상담자는 내담자에게 앞으로 이런 일이 생겼을 때, 스스로에게 '서두르지 말자.' '먼저 자초지종을 물어보자.' 등의 자기 지시를 해 볼 것을 권유하였다.

지금까지 살펴본 대로 비합리적 신념, 역기능적 사고, 인지적 왜

• 자기 진술

합리적인 생각을 스스로에게 말하는 것으로 자기에게 어떻게 말하는가에 따라 분노의 강도가 달라질 수 있다.

예) 나를 무시하는 말을 들었을 때

　　-그 사람이 기분이 나쁜가?

　　-내가 기분 나쁘게 말했나?

　　-나한테 오해를 했나?

　　-아니면 다른 이유가 있는지 물어볼까?

• 자기 지시

구체적인 행동을 스스로에게 지시하는 것이다(직접 행동).

예) -서두르지 말자.

　　-심호흡을 하자.

　　-냉정하자.

　　-신경 쓰지 말자.

　　-웃어 넘기자.

　　-논리적으로 생각하자.

　　-얘기해 보라고 하자.

곡, 부정적인 자기 말은 우리를 힘들게 만드는 요소임이 분명하다. 혹시 지금 스스로 불행하다고 생각하는 사람들이 있는가? 나를 제외한 모든 사람은 다 행복한 것 같은데, 왜 나만 이렇게 힘들게 살고 있는 거냐고, 그리고 자신과 자신을 둘러싼 환경, 미래가 모두 암울하고 암담하다고 생각하고 있는가? 어차피 노력해 봐야 소용없다면 노력을 하지 않는 것이 경제적이다. 그러나 그런 결론은 도대체 어디에 근거를 두고 있는지 의심해 봐야 한다. 분명한 것은 내

가 만난 많은 내담자가 자신들이 갖고 있었던 사고의 오류나 왜곡을 발견하고 이를 교정함으로써 보다 긍정적이고 건강한 삶을 살아 갈 수 있게 되었다는 것이다. 그것은 그들의 언어나 행동, 표정 등에서 알 수 있다. 생각의 변화를 통해서 그들은 '행복'에 보다 가까워질 수 있었다.

당신은 행복하십니까?

영화 〈꾸뻬씨의 행복여행〉에서 주인공은 행복이 무엇인지 알기 위한 여행을 떠난다. 당신은 이 책에서 '인지행동심리'라는 이론적 개념을 통해 '행복'에 대해 생각해 보는 시간을 갖게 되었을 것이다. 그럼에도 '행복이 무엇인가'에 대해 정의 내리기가 쉽지 않을 것이다. 영화 속 주인공은 여행을 다니면서 여러 경험을 하고 여러 사람을 만나면서 23개의 행복 목록을 기록했다. 그중 단연 기억 나는 장면은 그가 죽음의 위기에 처했다가 살아남게 되면서 한 말이다. "나는 살아 있다. 그러므로 행복하다."

죽지 않고 이렇게 살아 있다는 것, 그것이 얼마나 감사할 일이며 행복한 것인가를 죽음에 직면해 보고 나서야 깨닫게 된 것이다.

그러므로 살아 있음으로 희망은 있으며, 당신은 행복해질 수 있고 충분히 행복해질 권리가 있다.

글을 마치며

"새벽이 짙어지면, 곧 아침이 온다."

세상을 살다 보면 원하는 결과는 오지 않고 끝도 없이 지리멸렬한 일들만 있는 것 같다는 생각이 들 때가 많다. 그러면 '해도 안 되는 것인가?' 하는 생각으로 자포자기하고 싶은 마음이 들고 부정적인 생각들이 다시 활성화된다.

그러나 빛과 그림자처럼 낮이 있으면 밤이 있고 밤이 깊어 새벽이 오고 새벽이 짙어질수록 아침이 온다는 것을 우리는 경험을 통해 알고 있다. 조금만 더 버티면 아침이 온다. 조금만 더 버티면….

이런 생각들은 삶의 끈을 놓지 않게 하는 근간이 된다. 이처럼 시작과 끝은 항상 하나인 듯 연결되어 있다. 삶과 죽음이 그렇듯이.

인지와 정서, 행동은 각각 다르지만 늘 서로서로 맞물려서 영향을 주고받는다. 사람은 잘 변하지 않지만, 행동은 변할 수 있고, 그 행동의 변화는 생각의 변화에서 시작된다. 그래야 우리를 괴롭히는 부정적이고 역기능적이며 왜곡된 생각의 감옥에서 벗어나, 좀 더 긍정적이고 생산적인 하루하루를 살아갈 수 있다.

필자가 20대였던 시절, 미국의 '포커텔로(Pocatello, 미국 서부 아이다호 주에 있는 도시)'라는 지역에 간 적이 있다. 그날 일정을 마치고 늦은 시간에 일행들과 함께 숙소로 귀가하려는데, 인솔자가 보여 줄 것이 있다면서 방향을 다른 데로 트는 것이다. 때는 무더운 여름이었고 우리 모두는 땀범벅이 되고 녹초가 된 상태라 빨리 이 끈적끈적한 몸을 씻고 피곤한 몸을 뉘고 싶다는 생각 이외엔 아무것도 없었다. 그러나 이 인솔자는 우리의 불평과 아우성에도 아랑곳하지 않고 자신의 고집대로 차를 몰았다. 피곤과 배고픔에 지쳐 우리는 '에라, 모르겠다 잠이나 자자.' 하고 잠을 청했는데, 두어 시간 달렸을까 차가 멈추었다. 이미 날은 저물고 늦은 밤이 되었다. 도대체 이 으슥한 숲속에 우리를 왜 데리고 왔을까 의구심이 드는데, 그가 상기된 목소리로 우리를 불렀다. 나는 그의 성의를 생각해 꾸역꾸역 몸을 움직여 나왔다.

그는 손을 치켜들어 하늘을 가리켰다. 그의 손끝을 따라 바라본 하늘….

하늘은 그 어느 때보다 캄캄했고 별들은 빛났다. 아주 찬란하게…. 누군가가 별이 너무 빛나서 쏟아질 것만 같다고 한 말은 거짓이 아니었다. 진짜 주먹만 한 별들이 '날 좀 봐 봐.'라며 외치는 것 같았다. 몇몇의 커플이 담요를 같이 나누어 덮고 그 별들을 보기 위해 같은 방향에서 바라보고 있었다.

행복은 멀리 있는 것이 아니었다. 그렇게 작지만 소소한 일상 속에서 발견할 수 있는 것들이고, 그런 작은 행복들을 맛보기 위해서는 작은 것에 감사할 수 있는 마음과 긍정적으로 세상을 바라볼 수 있는 눈이 있어야 한다.

오늘도 포커텔로의 별은 빛나고 있을 것이고, 언젠가 그 별을 다시 누군가와 함께 바라보고 있을 나의 모습을 그려본다. 그렇게 마음속에서 찬란한 별빛을 그리며 글을 마친다.

서초동에서
저자 박소진

참고문헌

강상진, 김재홍, 이창우 역(2011). 니코마스 윤리학. 서울: 도서출판 길.

국립국어원(2015). 표준국어대사전.

권석만 역(2010). 아론 벡: 인지치료의 창시자. 서울: 학지사.

권준수, 김재진, 남궁기, 박원명, 신민섭, 유범희, 윤진상, 이상익, 이승환, 이영식, 이헌정, 임효덕 공역(2015). DSM-5 정신질환의 진단 및 통계 편람(제5판). 서울: 학지사.

김명희, 이현경(2011). 행동수정과 치료-아동 · 청소년 행동치료 사례중심. 경기: 교문사.

김정민 역(2015). 인지행동치료. 서울: 학지사.

김영한(2009). 특수아동의 시각-운동기능 향상을 위한 자기교시훈련. 서울: 태영 출판사.

김채순(2012). 수용전념 및 인지행동 심리치료 프로그램이 청소년의 우울증, 심리적 수용 및 자기 통제에 미치는 영향. 창원대학교 대학원 박사학위논문.

도경진(2015). 한국청소년의 행복체험. 한양대학교 대학원 박사학위 논문.

민경환, 이옥경, 이주일, 김민희, 장승민, 김명철 역(2015). 정서심리학. 서울: 센게이지러닝.

박소진(2014). 영화 속 심리학 1. 서울: 소울메이트.

박소진(2015). 영화 속 심리학 1. 서울: 소울메이트.

박소진(2016). 영화와 심리치료. 한국아동심리치료학회지, 11(1).

박소진(2016). 처음 시작하는 심리검사와 심리평가. 서울: 소울메이트.

박소진 역(출간 예정). 인지행동치료의 이해(2판). 경기: 박영스토리.

서수균, 김윤희 역(2016). 합리적 정서행동치료. 서울: 학지사.

신민섭, 이현우 역(2008). 행동치료의 거장 조셉 웰피. 서울: 학지사.

안홍례(2012). 차별강화를 이용한 행동수정이 주의결핍/과잉행동 아동의 학습부적응행동 감소에 미치는 영향. 공주대학교 대학원 석사학위논문.

오경자, 정경미, 송현주, 양윤란, 송원영, 김현수 역(2014). 이상심리학. 서울: 시그마프레스.

원호택 역(1997). 우울증의 인지치료. 서울: 학지사.

윤가현, 권석만, 김문수, 남기덕, 도경수, 박권생, 송현주, 신민섭, 유승엽, 이영순, 이현진, 정봉교, 조한익, 천성문, 최준식(2012). 심리학의 이해(4판). 서울: 학지사.

이동귀 역(2011). 합리적 정서행동의 창시자 앨버트 앨리스. 서울: 학지사.

이임선(2009). 웃음치료가 암 환자의 불안과 우울에 미치는 효과성. 서울사회복지대학원대학교 석사학위 논문.

이효신 역(2007). 교사를 위한 응용행동분석. 서울: 학지사.

임성택, 안범희 역(2009). 심리학 史-사상과 맥락. 경기: 교육과학사.

장태연 역(1999). 심리학용어사전. 서울: 도서출판 끌리오.

장현갑(2015). 가볍게 떠나는 심리학 시간여행. 서울: 학지사.

정미라(2016). 철학의 이해. 철학과 현실사.

최영희, 이정흠 역(1997). 인지치료 이론과 실제. 서울: 하나의학사.

홍준표(2009). 응용행동분석. 서울: 학지사.

Beck, A. T. (1963). Thinking and depression: Idiosyncratic content and cognitive distortions. *Archives of General Psychiatry, 9*, 324–333.

Beck, A. T. (1964). Thinking and depression II: Theory and therapy. *Archives of General Psychiatry, 10*, 561–571.

Beck, A. T. (1967). *Depression: Clinical, experimental, and theoretical aspects*. Philadelphia: University of Pennsylvania Press.

Beck, A. T. (1976). *Cognitive therapy and the emotional disorders*. New York: International Universities Press.

Ellis, A. (1955a). New approaches to psychotherapy techniques. *Journal of Clinical Psychology Monograph Supplement, 111*, 1–53.

Ellis, A. (1955b). Psychotherapy techniques for use with Psychotics. *American Journal of Psychotherapy, 9*, 452–476.

Ellis, A. (1962). *Reason and Emotion in Psychotherapy*. New York: Lyle

Stuart Press.

Freeman, A., & Dattilio, T. A. (1992). *Comprehensive casebook of cognitive therapy*. New York: Plenum Press.

Freeman, A., Simon, K. M., Beatler, L. E., & Arkowitz, M. (Eds.) (1989). *Comprehensive handbook of cognitive therapy*. New York: Plenum Press.

Grieger, R. M., & Boyd, I. (1980). *Rational-Emotive Therapy: A Skill Based on Approach*. New York: VanNostrand-Reinhold.

Hilgard, E. R. (1966). *History of education psychology*. In D. C. Berliner & E. C. (pp. 990-1004). New York: Crofis.

Kelly (1961). The personal construst point of view. In N. Faberow & E. Shneidman (Eds.), *The Cry for Help*. New York: McGraw-Hill.

Mahoney, M. J., & Arnkoff, D. B. (1978). Cognitive and Self-control therapies. In S. L. Gartield & A. E. Bergin (Eds.), *Handbook of Psychotherapy and behavior change: An Empirical Analysis*(pp. 689-722). New York: John Wiley & Sons.

Meichenbaum, D. H. (1977). *Cognitive behavior modification*. New York: Plenim.

Neisser (1967). *Cognitive Psychology*. New York: Applection-Century-Croft.

Schaefer, C. E., & Reid, S. E. (2001). *Game play: Therapeutic use of childhood games* (2nd ed). Crestwood, New York.

Scott, J., Williams, J. M., & Beck, A. T. (Eds.) (1989). *Cognitive therapy in clinical practice: An illustrative casebook.* New York: Routledge.

Watson, J. B. (1913). Psychology as the behaviorist Vievos it. *Psychological Review, 20,* 158-177.

찾아보기

인명

A

Arnkoff, D. B. 112

B

Bandura, A. 49

Beck, A. 111, 112

Bowlby, J. 146

D

Dewey, J. 31

E

Ellis, A. 112, 118

F

Fechner, G. T. 28

J

James, W. 30

K

Kelly 112

Keltner 115

Koffka, K. 31

Köhler, W. 104

L

Levinson, D. 15

내용

박소진(Park so-jin)
덕성여자대학교 심리학 박사 수료(발달 및 발달장애 전공)
현 한국인지행동심리학회 협동조합 대표
　　육군 교육사령부 연구 용역 프로그램 개발 및 자문위원
　　단국대학교 특수교육대학원 심리치료 출강

〈주요 저서 · 역서〉
비극은 그의 혀끝에서 시작됐다(공저, 학지사, 2012)
영화 속 심리학 1(소울메이트, 2014)
영화 속 심리학 2(소울메이트, 2015)
처음 시작하는 심리검사와 심리평가(소울메이트, 2016)
마이너리티 심리학(집필 중, 마음의 숲)
인지행동치료의 이해 −기술과 적용−(번역 중, 박영스토리)

이메일: kicbt@hanmail.net

*한국인지행동심리학회 협동조합(www.kicb.kr): 인지, 행동 심리학을 기반으로 인지행동지도, 개인집단 심리코칭, 심리발달평가사, 놀이상담, 미술상담, 부부−가족코칭 등 관련 분야의 전문 인력을 교육하고 양성하는 전문기관

당신이 알아야 할

인지행동치료의 모든 것
-행복해지기 위한 기술-

Everythings to you need to know about
Cognitive Behavior Therapy–skills to be happy

2017년 11월 10일 1판 1쇄 인쇄
2017년 11월 15일 1판 1쇄 발행

지은이 • 박소진
펴낸이 • 김진환
펴낸곳 • (주)**학지사**

04031 서울특별시 마포구 양화로 15길 20 마인드월드빌딩
대표전화 • 02-330-5114   팩스 • 02-324-2345
등록번호 • 제313-2006-000265호

홈페이지 • http://www.hakjisa.co.kr
페이스북 • https://www.facebook.com/hakjisa

ISBN 978-89-997-1398-9 93180

정가 14,000원

이 도서의 국립중앙도서관 출판시도서목록(CIP)은 서지정보유통지
원시스템 홈페이지(http://seoji.nl.go.kr)와 국가자료공동목록시스템
(http://www.nl.go.kr/kolisnet)에서 이용하실 수 있습니다.
(CIP 제어번호: CIP2017026750)

교육문화출판미디어그룹 학지사

심리검사연구소 **인싸이트** www.inpsyt.co.kr
원격교육연수원 **카운피아** www.counpia.com
학술논문서비스 **뉴논문** www.newnonmun.com
간호보건의학출판 **정담미디어** www.jdmpub.com